本书内容的研讨和最终出版，得到了成都市双流区彭镇党委、政府的资助支持，谨此致谢！

作者简介

蒋剑康，成都双流擦耳岩人，1954年生，在家乡读书务农，1976年到重庆电力学校读书，工作后自修汉语言文学，1988年考入北京大学，毕业后在国电企业工作至退休。2014年开始对家乡岷江金马河擦耳岩进行考察，写有十余篇考察研究文章，多篇文章被双流区、成都市媒体转载。2020年出版专著《认识金马河》。2021年应成都市双流区委史志办邀，对家乡双流民国时期知名文化人乔大壮的相关资料进行研究整理，编撰《乔大壮人物研究》一书。

成都擦耳岩

蒋剑康 著

四川大学出版社
SICHUAN UNIVERSITY PRESS

项目策划：张伊伊
责任编辑：张伊伊
责任校对：罗永平
封面设计：墨创文化
责任印制：王　炜

图书在版编目（CIP）数据

成都擦耳岩 / 蒋剑康著． — 成都：四川大学出版社，2022.6
ISBN 978-7-5690-5446-0

Ⅰ．①成… Ⅱ．①蒋… Ⅲ．①乡镇—地方史—成都 Ⅳ．① K297.15

中国版本图书馆CIP数据核字（2022）第 075022 号

书名	成都擦耳岩 CHENGDU CA'ERYAN
著　者	蒋剑康
出　版	四川大学出版社
地　址	成都市一环路南一段24号（610065）
发　行	四川大学出版社
书　号	ISBN 978-7-5690-5446-0
印前制作	四川胜翔数码印务设计有限公司
印　刷	成都东江印务有限公司
成品尺寸	170mm×240mm
印　张	14.5
字　数	273千字
版　次	2022年6月第1版
印　次	2022年6月第1次印刷
定　价	92.00元

版权所有　◆　侵权必究

◆ 读者邮购本书，请与本社发行科联系。
　电话：(028)85408408/(028)85401670/
　(028)86408023　邮政编码：610065
◆ 本社图书如有印装质量问题，请寄回出版社调换。
◆ 网址：http://press.scu.edu.cn

四川大学出版社
微信公众号

序
一次成果丰硕的历史文化考察

近年来，笔者有幸对家乡金马河及彭镇擦耳岩进行了数次考察，发现和挖掘出中国神奇古渡、中国名胜廊桥等一系列历史文化新成果，震惊了双流及成都，引起了省市区专家们的关注。

成都天府广场西出约25千米就是金马河（岷江）擦耳岩。一直以来，这里的历史像谜一样让人看不清。有关史料记载，明末清初，金马河为小河，1933年一夜之间神秘地变成了岷江正流大河，至今不到百年。擦耳岩是成都去往崇州、大邑、邛崃最便捷的渡口，这里是一江一路交会的川西坝子平原中部的古道要津。"擦耳岩"这一名字颇为奇特，但此地的历史文化大都不为人所知。经笔者考察，这里丰厚的历史文化逐渐清晰，金马河擦耳岩的神秘面纱终于被层层揭开。

笔者在数年的考察中，厘清了金马河的历史由来：金马河在李冰修都江堰前就是古岷江，修都江堰后为外江即岷江正流；金马河因层层分水，形成夏秋丰水冬春枯水的特征；金马河并非1933年才成为岷江正流的，自修都江堰以来，金马河一直发挥着供水与泄洪功能，保障着成都平原的总灌溉和洪涝安全，一直都是天府之国成都平原的母亲河。

随着考察的深入，笔者相继在金马河上发现了神奇的擦耳岩千年古渡；发现了百年前扬名海外的中国名胜擦耳岩廊桥；发现《华阳国志》中记载的"五津"就是金马河上的五个著名大渡，其中擦耳岩古渡就是五津之涉头津；发现成都经双流彭镇擦耳岩之古道，就是成都至崇州大邑邛崃的商贸通道，即南方丝绸之路；发现东汉时期东州民为擦耳岩原住民，《华阳国志》记载"四曰涉头津，刘璋时，召东州民居此，改曰东州头"，并有出土文物佐证。王勃《送杜少府之任蜀州》中的"风烟望五津"与金马河擦耳岩有密切关系，杜甫曾在冬季的擦耳岩金马河边观搭竹桥并留下三首诗作，陆游夏秋时节在擦耳岩金马河边唤舟，并有诗作《自江源过双流不宿径行之成都》为证。民国时期，擦耳岩街镇十分兴盛，川西袍哥劣迹惊心，叛匪血洗擦耳岩，制造了一系列惨案。黎明前，擦耳岩曾是成都反饥饿大学生的掩护地，徐茂森、徐海东等人在此建联络站、办《火炬报》，后不幸被害，为成都十二桥烈士，等等。

其中最重要的发现，就是擦耳岩古渡，其"笮索吊船，借力驾船"的独特摆渡方式，凝聚了一代代古人的智慧，具有重要的历史文化价值，在世界河流摆渡史上亦具有极高的地位。

2018年9月28日，《成都晚报》以《中国第一神奇古渡 渡船一摆就是一千六百年》为题，报道了擦耳岩古渡，其中指出，擦耳岩古渡为我国最早利用河水流动之力驾船摆渡之处。由此能够看出双流擦耳岩古渡的文化价值所在。

2018年12月，《双流文史资料选辑》以"纤绳摆渡、廊桥遗梦、传奇古镇"为小标题，介绍了古渡擦耳岩"一根绳，没动力，既简单，又智慧"的神奇，它是人类尊重自然、利用自然的典范。

2019年8月，《空港双流》以《双流擦耳岩神奇的千年古渡》为题，报道了擦耳岩古渡，认为其具有世界级古渡文化价值，说是中国古渡史上的"皇冠"，一点也不为过。一根绳，一把橹，一只船，擦耳岩古渡就在极不适宜驾船摆渡的恶劣河流环境中，摆起了大渡，驾起了大船；不烧油，不用电，不用人撑船，仅凭一人掌橹，就能把载有几十人甚至几辆汽车的渡船开过河去，操作简单，神奇尽显。

2019年底，成都市双流区文物保护管理所在原古渡旧址竖立"成都文化地标"。擦耳岩古渡历史悠久，是岷江金马河上五个古渡的典型代表。其独特的科学摆渡方法，尊崇自然，顺应自然，蕴藏着"道法自然"的思想，成为人与自然和谐共处的典范。擦耳大桥修建后，擦耳岩古渡结束了摆渡历史。

笔者根据上述考察结果，2020年写成并出版了《认识金马河》，翌年又写成本书《成都擦耳岩》。

四川省历史学会会长谭继和、西南民族大学文学院教授祁和晖、四川大学古籍整理研究所教授彭华，以及四川省著名作家、《天府文化》总编辑庞惊涛，双流区文史专家王泽枋、陈伟芳等，先后莅临指导金马河历史文化探讨会，并参与《认识金马河》赠书及学术研究沙龙活动，成都市双流区相关部门领导亦参与了学术研讨活动，规模影响前所未有。

"历史文化是永不枯竭的金矿"，国务院参事、住房和城乡建设部原副部长仇保兴如是说。广汉三星堆和成都金沙遗址就地建起了博物馆，以保护、宣传和展示文物，成为重要的旅游景区，发挥了旅游经济效益和社会效益；成都博物馆把各地出土的文物汇集起来（包括擦耳岩出土的两件文物），建成了成都重要的历史文化参观地和旅游网红打卡地。如何把金马河擦耳岩的中国古渡、名胜廊桥等历史文化资源转化为旅游产业，扩大宣传范围，提高社会效益和经济效益，是笔者思考的重点。

在考察探索中，笔者发现了擦耳岩的另一特点，即该地可作为四川旅游集散中心。目前我省的旅游线路呈现出以成都市区为集散中心的辐射型往返式特征，随着成都城市的发展，中心城区空间不足，交通拥堵加剧，已不适宜再作为旅游集散周转地，把集散中心转移出中心城区，已迫在眉睫。而坐落在岷江金马河边的擦耳岩，地理位置佳，交通便捷，空间广阔，特别适宜打造成四川旅游集散中心。本书详细分析了目前集散中心的弊端，对擦耳岩拟建集散中心的各方面情况进行了研究，并指出将集散中心转至擦耳岩的优势及带来的社会效益和经济效益。

擦耳岩紧依成都城区，地处金马河边，有古渡、廊桥等独特的历史文化资源，若建成四川旅游集散中心，将形成 1+1 远大于 2 的效果，擦耳岩未来发展可期。

关于本书的书名，"岩"多处高山峻岭、悬崖峭壁，没想到一马平川的成都也有称"岩"的。加之擦耳岩拥有古渡、廊桥，王勃、杜甫、陆游等人均在此留下诗作，本就属于成都地区的历史文化，体现的是成都这座历史文化旅游名城的特色和底蕴，故名《成都擦耳岩》。

是为序。

2021 年 11 月 25 日至 12 月 7 日，于成都贝森

目 录

第一篇　擦耳岩古道要津 ··· 1

第一章　擦耳岩古道 ·· 3
一、古邮传道 ·· 3
二、南方丝绸之路 ·· 5
三、商贸通道 ·· 7
四、乡村古道 ·· 8

第二章　擦耳岩要津 ·· 12
一、金马河川西坝子交通屏障 ······································ 12
二、金马河的三个阶段四个特征 ···································· 13
三、擦耳岩：五津之涉头津 ·· 17

第三章　擦耳岩摆渡 ·· 19
一、探索摆渡方式 ·· 19
二、科学摆渡原理 ·· 22
三、擦耳岩古渡的历史文化价值 ···································· 23
四、陆游诗对擦耳岩古渡的诗证价值 ································ 24
五、擦耳岩摆渡历史悠久 ·· 26
六、相关报道和建地标保护 ·· 27

第四章　擦耳岩廊桥 ·· 29
一、被遗忘的廊桥 ·· 29
二、英国女摄影师与廊桥邂逅 ······································ 32
三、廊桥扬名海外 ·· 34

第五章　擦耳岩搭桥 ·· 38
一、冬季枯水搭竹木桥 ·· 38

  二、我推车过擦耳岩竹木桥 38
  三、杜甫观搭桥当是在擦耳岩 40
 第六章 擦耳岩河堤 41
  一、金马河最窄河道 41
  二、神秘的擦耳之岩 43

第二篇 擦耳岩历史文化 45

 第七章 擦耳岩早期住民 47
  一、成都博物馆中的擦耳岩出土文物 47
  二、两件出土铜器带来的信息 48
  三、东汉末年流民入蜀 50
  四、东州民安居擦耳岩的根本原因 50
 第八章 擦耳岩街镇由来 52
  一、建在岷江古河道东的擦耳岩 52
  二、擦耳岩街镇的由来 53
  三、因古道要津起镇 56
  四、因杨遇春取名擦耳岩 57
 第九章 擦耳岩水灾与岁修 60
  一、叠溪地震水灾 60
  二、擦耳岩岁修 65
  三、岁修属无偿劳动 67
  四、我参加了金马河岁修 67
 第十章 彭镇与擦耳岩 76
  一、彭镇数次合并擦耳岩 76
  二、彭镇与擦耳岩间三条河 77
  三、川西坝子重镇 79
  四、新建槐轩书院 83
  五、川西民居"汉轩民俗艺术博物馆" 84
 第十一章 深刻影响擦耳岩历史的著名文化人物及作品 86
  一、东晋常璩《华阳国志》对擦耳岩历史的记载 86
  二、初唐王勃《送杜少府之任蜀州》 87
  三、唐朝杜甫在皂江上观造竹桥 88
  四、南宋陆游《自江源过双流不宿径行之成都》 90

第十二章　葬于擦耳岩金马河畔的三位知名人物 …… 92
- 一、晚清四川大儒刘止唐 …… 93
- 二、清末学部左丞乔树枏 …… 96
- 三、民国爱国文化人乔大壮 …… 100

第三篇　擦耳岩往事风云 …… 109

第十三章　民国时期的擦耳岩 …… 111
- 一、街道商铺 …… 111
- 二、本地特产 …… 127
- 三、街市人气 …… 132
- 四、周边寺庙及迷信活动 …… 139
- 五、李家寺学校的变迁 …… 141

第十四章　民国擦耳岩兴旺人家 …… 145
- 一、王家书香 …… 145
- 二、吴家染坊 …… 151
- 三、覃家铺子 …… 153

第十五章　擦耳岩袍哥 …… 158
- 一、袍哥主镇 …… 158
- 二、袍哥劣迹 …… 161

第十六章　黎明前成都革命浪潮中的擦耳岩 …… 163
- 一、擦耳岩掩护成都大学生 …… 163
- 二、组织学生开展革命活动 …… 165
- 三、解放军进驻擦耳岩 …… 168

第十七章　叛匪血洗擦耳岩 …… 172
- 一、叛乱席卷双流彭镇擦耳岩 …… 172
- 二、叛匪血洗擦耳岩 …… 178
- 三、镇压叛匪刘遐龄 …… 181

第四篇　擦耳岩旅游开发 …… 185

第十八章　四川旅游集散中心区位优势资源 …… 187
- 一、四川省旅游线路模式特征 …… 187
- 二、集散中心叠加效应 …… 191
- 三、成都市区作为旅游集散中心的弊端 …… 192

四、擦耳岩建设旅游集散中心的优势 ………………………… 193
　　五、四川旅游未来发展趋势 …………………………………… 194
第十九章　可开发利用的历史文化旅游资源 ……………………… 196
　　一、风烟望五津公园 …………………………………………… 196
　　二、岷江雕塑公园 ……………………………………………… 200
　　三、红色革命广场 ……………………………………………… 203
　　四、杨遇春跌马、陆游唤舟雕塑 ……………………………… 203
　　五、擦耳岩古渡镇 ……………………………………………… 203
第二十章　擦耳岩两岸河湾沙洲可承载一座新旅游城市 ………… 205
　　一、金马河擦耳岩河畔是旅游发展黄金地带 ………………… 205
　　二、成都市政府对岷江金马河的规划 ………………………… 207
　　三、擦耳岩两岸可承载一座新旅游城市 ……………………… 208
主要参考资料 ………………………………………………………… 212
后　　记 ……………………………………………………………… 214

第一篇
擦耳岩古道要津

成都西出临邛古道与川西交通屏障金马河交会于擦耳岩，千百年来，擦耳岩成为交会点的古道要津。王勃诗句"风烟望五津"中的涉头津，即是擦耳岩古渡。古人在极不适宜驾船摆渡的金马河湍急河口，创造发明了利用水流驾船的神奇摆渡方式。为保障风雨昼夜通行，修建了擦耳岩川西第一廊桥。冬季枯水期，人们搭竹木桥过河。为保障擦耳岩古道要津畅通，人们创造了多少奇迹……

第一章
擦耳岩古道

本章提要：任乃强在《华阳国志校补图注》和《四川上古史新探》中都记述道：成都至临邛（邛崃），是在擦耳岩过外江金马河，而不是绕新津去临邛。这说明擦耳岩很早就是成都至崇州大邑邛崃的古道，是古邮传道、南方丝绸之路之一，也是重要的商贸通道。

一、古邮传道

著名历史地理学家任乃强①在《四川上古史新探》中记载道："冰修治蜀城与江原临邛邮传大道，《华阳国志》所云'冰又通笮文井江径临邛是也'。"这就是说，成都至崇州邛崃有邮传大道。任乃强注解道："成都至临邛路原是先由擦耳崖渡外江②……先至江原，乃至临邛（不是今日绕由新津路）。"如图1-1所示：

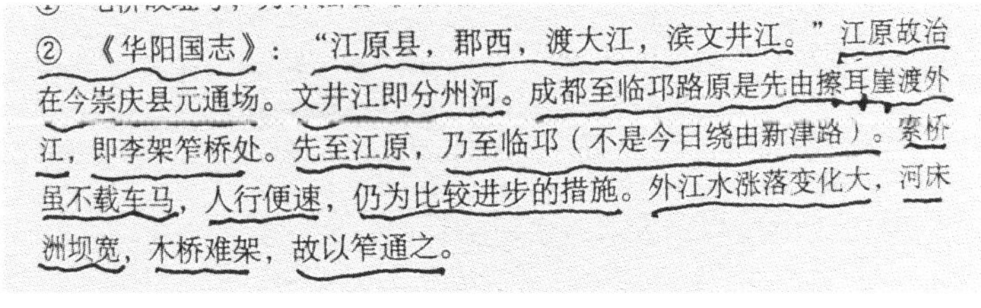

② 《华阳国志》："江原县，郡西，渡大江，滨文井江。"江原故治在今崇庆县元通场。文井江即分州河。成都至临邛路原是先由擦耳崖渡外江，即李架笮桥处。先至江原，乃至临邛（不是今日绕由新津路）。寨桥虽不载车马，人行便速，仍为比较进步的措施。外江水涨落变化大，河床洲坝宽，木桥难架，故以笮通之。

图1-1 任乃强《四川上古史新探》截图（第149页）

邮传是古代由国家专设的传递信件、款项、物件等的机构。邮传大道，即

---

① 任乃强（1894—1989），现代著名藏学家、历史地理学家，学术贡献主要体现在藏学、民族史和四川地方史三个方面，著有《华阳国志校补图注》《四川上古史新探》等。
② 外江即都江堰下的金马河。

传送官文及物资等的大道,也叫"邮传官路"。

任乃强还在《华阳国志校补图注》中记载道:"云'又作笮通文井江'者,言成都与临邛间,昔时陆道,径由江原……当在今温江、崇庆界间之插耳崖……其道径达临邛,不似今日之绕渡新津也。"如图1-2所示:

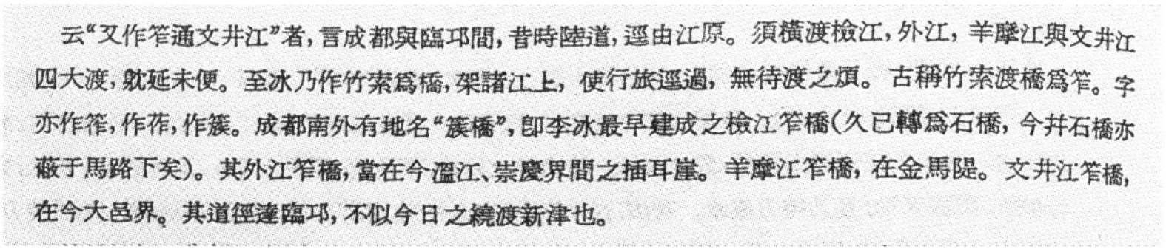

> 云"又作笮通文井江"者,言成都與臨邛間,昔時陸道,逕由江原。須橫渡檢江,外江,羊摩江與文井江四大渡,就延未便。至冰乃作竹索爲橋,架諸江上,使行旅逕過,無待渡之煩。古稱竹索渡橋爲笮。字亦作筰,作筰,作簇。成都南外有地名"簇橋",即李冰最早建成之檢江笮橋(久已轉爲石橋,今井石橋亦藏于馬路下矣)。其外江笮橋,當在今温江、崇慶界間之插耳崖。羊摩江笮橋,在金馬隄。文井江笮橋,在今大邑界。其道徑達臨邛,不似今日之繞渡新津也。

图1-2 任乃强《华阳国志校补图注》截图(第140页)

以上考证说明,古时,西出成都有邮传大道,是从擦耳岩过河,经崇州大邑去邛崃,而不是今绕道新津。

根据图1-3中的标注可看出,一路是成都西出擦耳岩去临邛,一路在双流南下经汉安桥去彭山。

可见,擦耳岩为成都至崇州临邛的邮传古道必经之处。

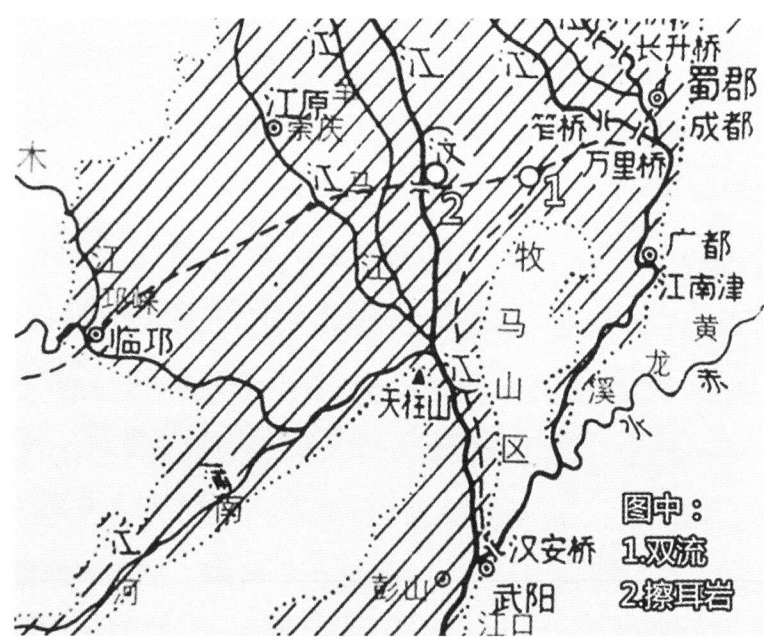

图1-3 任乃强《华阳国志校补图注》插图(第132~133页)

二、南方丝绸之路

我国古代的丝绸之路分北方丝绸之路和南方丝绸之路，成都是我国丝绸之路的重要节点。

《成都简史》记载，从成都北上经松潘一路，和东北方向经广元一路去西安，两路汇入河西走廊到西亚，再辗转至欧洲商贸通道，一般称为北方丝绸之路。由西安经成都分两路南下去云南，到缅甸、泰国，然后再到印度、阿富汗，并经中东与欧洲的千年商贸古道，被称为南方丝绸之路。南方丝绸之路与北方丝绸之路，均为我国古代对外物资贸易和文化交流的重要通道。

（一）南方丝绸之路

《四川简史》记载，从商周迄战国，与蜀通商的主要外域地区有古印度、中亚、西亚和东南亚，形成了今天所说的"南方丝绸之路"。商代，蜀与印度的交通线"蜀身毒道"已打通。三星堆出土的大量海贝，来源于印度地区；三星堆青铜雕像群、黄金权杖和黄金面罩等文物风格与西亚有关，是经中亚和印度引入的。东周时期蜀国王公卿相当中流行佩戴的一种称为"瑟瑟"的宝石串饰或琉璃珠串饰，也来源于古波斯。可见，从商代到春秋战国，古蜀与西亚、中亚和南亚的商品贸易一直持续不断地开展。

《四川简史》还记载，从蜀经云南、贵州出外域的国际交通线，学术界称为"南方丝绸之路"。南方丝绸之路的起点为成都，向南分为东、中、西三条主线，西线是从成都到印度的"蜀身毒道"，中线是从成都到中南半岛的"步头道"和"进桑道"，东线是从成都经贵州、广西、广东到南海的"夜郎道"。如图1-4所示：

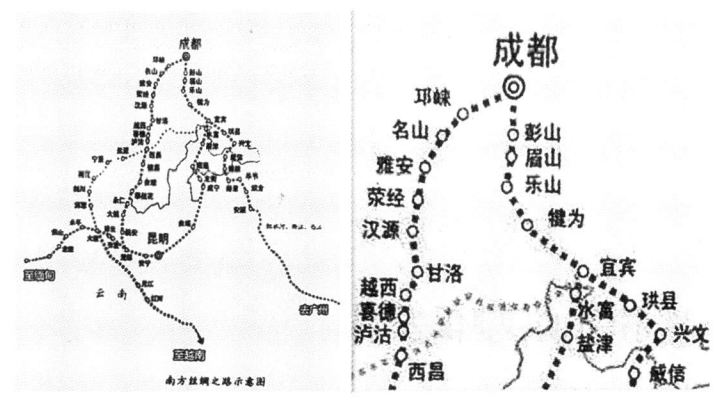

图1-4　《四川简史》插图（第71页，右为局部放大图）

《成都简史》记载,"南方丝绸之路"在历史上也称"蜀身毒道"("身毒"指今印度),起于成都,纵贯川滇两省,连接缅甸、印度,通往东南亚、西亚以及欧洲各国。如图1-5所示:

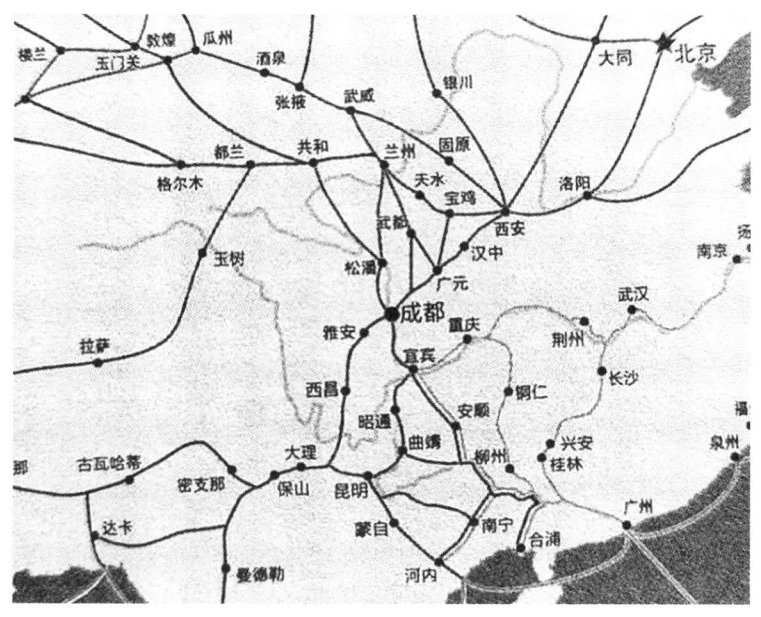

图1-5　《成都简史》插图(第89页)

以上史料均说明,西出成都经临邛雅安之路,是南方丝绸之路的主线之一。而任乃强所言(成都至临邛路原是由擦耳岩渡金马河,不是绕经新津)也说明,擦耳岩古道是南方丝绸之路之一。

(二)擦耳岩古道为南方丝绸之路的"陆道"之一

《四川简史》记载,巴蜀通往西南方向,即西南夷的数条对外交通线,主要有通过南中地区的旄牛(汉源)道(也称灵关道或零关道,即经擦耳岩的成都至临邛雅安道),通往滇黔的五尺道,以及经夜郎通往番禺的牂牁(zāng kē)道。

从成都出发的南方丝绸之路,一路出西门,经擦耳岩去临邛雅安汉源,被视为"陆道";另一路从成都府河坐船南下,经彭山眉山至宜宾,在宜宾上岸去云南,被视为"水道"。因丝绸等商品主要是运往印度等南亚、西亚各国,"陆道"较近,"水道"较远,去时顺水轻松,返回成都时逆水行舟就难了,特别是运送从南亚、西亚交换来的物资等,就不如走"陆道"了。因此,擦耳岩古路,应是南丝路"陆道"之一。

从商代到春秋战国时期，古蜀与西亚、中亚和南亚的商品贸易持续不断地开展，李冰凿离堆修都江堰在秦朝，只有 2280 年历史，而三星堆距今 3100 年，金沙遗址距今至少也有 2500 年，这说明，古蜀对外交流，比李冰凿离堆修都江堰要早，也就是说，古蜀时期成都还没有府河锦江等"水道"，而要走"水道"，就只有在离成都最近的岷江金马河擦耳岩渡上船了。因此，在修都江堰之前，擦耳岩还可能是"水道"起点。

双流区资深文史专家王泽枋说，成都西出的丝绸之路，是从成都机投出发，走马家寺（通江）、泉水函（九江）、彭家场（彭镇），到擦耳岩来的。

由此可见，成都以西的擦耳岩古道，是我国古代南方丝绸之路的"陆道"之一。

三、商贸通道

《四川简史》记载，在先秦时期，成都已经发展成为中国西南地区内外贸易的枢纽。秦汉三国时期，随着经济社会的快速发展，成都逐步发展成为闻名中外的西南大都会，成为当时国内最为重要的区域中心城市之一。

成都西出擦耳岩，是古邮传道、南方丝绸之路，也是西蜀各州县政治文化联络大通道。

崇州古称蜀州，自古为繁荣富庶之地，有"蜀中之蜀""蜀门重镇"之称；大邑有"蜀中望县"之称；邛崃自古就是自然资源丰富、商贾往来频繁的都市，有"临邛自古称繁庶""天府南来第一州"之称。两千多年来，临邛古道上，商旅络绎不绝，邛崃先民以聪明才智开采利用天然气煮盐，先进的铁器、精美的丝绸沿古身毒道远销国外，空前繁荣的经济使邛崃富甲一方、闻名遐迩，东来成都，西去康藏，南下滇缅，临邛女儿——巴蜀四大才女之首的卓文君与西汉大文学家司马相如演绎的"凤求凰"传奇等，都与往来成都有关。

成都是天府之都，是古代蜀地经济政治文化中心，西蜀各地的往来，都要经过金马河，擦耳岩则是西蜀各州县间往来成都最便捷的交通要津。

如图 1-6 所示，出成都经擦耳岩，走崇州三江镇、大邑安仁镇，去至临邛（邛崃），是最便捷的路。

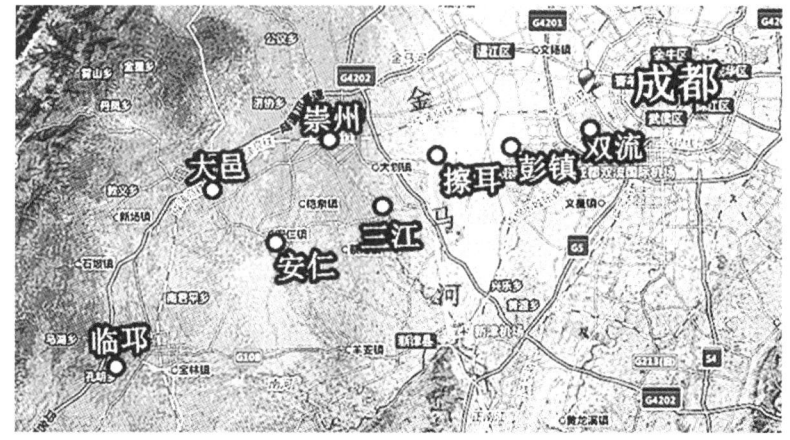

图 1-6　西蜀现代卫星图

四、乡村古道

从成都经双流彭镇擦耳岩过河去临邛的道路在古时是何样,现在已无从得知了。从晚清民国时期留下的照片可见,当时的城郊路稍宽,而乡下的路,走的人虽多,但路并不宽(如图 1-7、1-8 所示)。可以想象,清朝以前的古道路,也不会很宽。

图 1-7　晚清民国时成都市郊的古道/引自网络

图 1-8 民国川西坝子乡间路/引自网络

我小时候,彭镇到擦耳岩的乡村路,也并不宽。

从彭镇过杨柳河第一桥,顺河往上游的左边,有一条宽丈余的土路,走两三百米往西拐,从两处林盘边拐角过,便是一条直直的约三四里长的往西的乡间路,经过中元寺,就到了彭镇与擦耳岩连界的杨家石桥,过桥就是汪家碥、殷家院子、李家寺、擦耳岩了。这条乡间路,我见时平均有五六尺宽,七八里长,算是彭镇到擦耳岩的最古老之路了。

我的家,就在这条路边的汪家碥。

这条路,从彭镇杨柳河到擦耳岩金马河,中间还有两条较大的河,即大朗堰东河和大朗堰西河。大朗堰河在上游鲢鱼寺分为东西两河,东河在杨家石桥成为彭镇与擦耳岩的界河,西河就是李家寺东口的大朗堰河。该河原名沙子河,因大朗和尚化缘整修了这条河,在金马河修建了取水堰,叫大朗堰,故这条河也改名为大朗堰河。

《双流县志》(民国版)记载:"中元桥,治西十五里,北源沙紫(子)江,南入苏麻口。乾隆二十九年修。"① "杨家石桥"是现在的俗称,其与史料中的"中元桥"都在大朗堰东河上,都在彭镇去擦耳岩的中元寺路上,因此,《双流县志》中记载的"中元桥"应当就是"杨家石桥"。

---

① 双流县旧志丛书整理委员会:《双流县志》(民国版),中国文史出版社,2014年版,第25页。

图1-9　杨家石桥桥型/引自网络

杨家石桥是座不平凡的石桥（如图1-9所示），不比李家寺的万寿桥差。此桥面并排五根厚实的石条，宽丈许，河中有两石墩。桥上过牛过马没问题，推鸡公车（独轮车）也没问题。可见，此桥不是一座一般的乡间路桥。我从八岁起，就在此桥上过，我们赶彭家场，就必须过此桥，直到我二十多岁离开家乡，此桥都在。

图1-10　石拱桥桥型/引自网络

在殷家院子与李家寺之间，还有座红沙石拱桥（如图1-10所示），桥宽丈许。我读小学和初中时，天天都从这座桥上过。

李家寺东口，有一座万寿桥，又叫云峰桥（如图1-11所示）。据史料记载，治西十五里李家寺东，北源大朗堰（西河），南入新津。康熙四十五年（1706）、乾隆十年（1745）两次重修。

图 1-11　现在的李家寺云峰桥

可见，从彭镇到擦耳岩这段乡间路，原本就是一条古路。

在我十几岁时，彭镇至擦耳岩的这条路上，来往的人很多。20 世纪 60 年代，解放军拉练，也走这条古路。

记得有一次，有一队解放军从杨家石桥方向过来，带头的一位还拿着地图问站在路边的我："这里是不是汪家碥？"我说"是"，他就招呼后面的解放军，一路又快步走了，接着，后面又有好几队解放军跟着朝擦耳岩方向去了。

后来有了自行车，走这条路的人就少了。渐渐地，除了从乡间去彭镇想走近路的人外，再没有其他人走这条路了。到 21 世纪，这条路就彻底消失了。

谁也没有想到，这条老路，竟是成都去至邛崃的古路。

第二章
擦耳岩要津

本章提要：在成都西边的川西坝子，从都江堰南下新津，一条由北向南的金马河，把东边的成都双流温江等，与西边的崇州大邑邛崃隔开，形成一道交通屏障，阻碍了东西两边人和物资的交往。在长达81千米的金马河上，东西两边交往，主要有五个津渡通行，擦耳岩就是其中的重要渡口之一。

一、金马河川西坝子交通屏障

金马河像一把滚动的割刀，由北向南，从都江堰至新津，把成都平原川西坝子分割成东西两边，在东边的成都双流温江与西边的崇州大邑邛崃之间形成一道天然交通屏障（如图2-1所示）。

图2-1　金马河川西坝子交通屏障与五渡/引自网络

金马河是岷江在成都平原上自然冲击形成的一段河流。岷江上游是龙门山断裂带，历史上发生过无数次地震，形成堰塞湖，堰塞湖崩溃后形成巨大洪水，从都江堰山口奔出，一直冲向成都南边的新津，从而形成了川西坝子上的一段河道——金马河。

岷江上游夏季雨水多，水量充沛，冬季山泉众多，流水不断，金马河夏季水面宽阔达数里，遇洪水更是河岸无边际。由于是平原河道，金马河水肆意横流，形成水涝。而金马河东边的成都等地，则因水流不及，形成了干旱"火盆"。

秦朝李冰任蜀守时，为改变成都平原一边水涝一边干旱的局面，修了都江堰分水，从此形成了"水旱从人，不知饥馑，时无荒年"的天府之国。

李冰凿离堆开宝瓶口修都江堰，在岷江上开口子新辟了一条水道，使原岷江一江分为二江，人们把新开辟的宝瓶口水道称为"内江"，原岷江称为"外江"。

二江下又经分水河层层分水，形成了扇形水系，浇灌滋润了成都平原。其中有两条河从内、外江中分水，流向成都，形成了围绕成都的二江，促成了成都的水路交通运输，这就是府河和南河，在合江亭汇成了锦江。从汉代至清朝末年，历史上习惯把流向成都的二江称为"大江"，但也有称金马河为"大江"的。

岷江金马河从都江堰开始被宝瓶口内江分水，都江堰下又被羊摩江（羊马河）、新开江（江安河）、杨柳江（杨柳河）、大朗堰河等层层分水，岷江金马河是供各河分水的母河。但历史只记载了具有行船和灌溉功能的河流，金马河基本没有行船，更没有直接灌溉田野，加之由于层层分水而河水减少，因此，金马河在历史中基本没有记载，甚至在地图上都消失无踪。

二、金马河的三个阶段四个特征

金马河从都江堰至新津，根据成都市河长制办公室《河湖水系》①，从都江堰外江闸至新津县南河汇合口河段称金马河，长81公里，河宽300～500米，最宽处达1200米。历史上曾称郫江、皂江、正南江等。清陈登龙《蜀水考》有"流汶二江，其正派曰金马河"，这是金马河这一名称的书面文字记载。

---

① 参见成都市河长制办公室：《河湖水系》，岷江外江（金马河）流域水系，内部资料。

(一) 金马河的三个阶段

金马河历史可分为三个阶段：一是古岷江阶段，经千万年自然冲击形成，特点为大江大水；二是都江堰建成至紫坪铺水库修建之前的阶段，岷江因分水成为外江金马河，具有航运供水和灌溉农田功能，形成夏秋季大水、冬春季枯水等特点；三是紫坪铺水库建成以后的阶段，金马河被人工控制放水，只具有排洪泄洪功能。

1. 古岷江阶段

古岷江是在成都平原上自然冲击形成的。岷江上游属龙门山脉地震带，地震形成堰塞湖，由堰塞湖崩溃形成洪水洪峰，从都江堰直冲到新津，形成了古岷江河道。据都江堰水利史专家谭徐明[①]《都江堰史》记载：

> 岷江上游是地震灾害多发地区，地震灾害造成山体坍塌，大量的土石进入岷江河道后壅堵成天然的堆石坝而形成地震湖泊。对都江堰影响最大的自然灾害就是地震湖泊决口后突发的溃坝洪水。638年至今，岷江上游流域有记载的7级或更高的强地震发生过4次，近代如1933年的叠溪地震，形成堰塞湖泊后发生溃坝洪水，导致了成都平原最大的地震次生灾害——洪水灾害。

洪水汹涌而下，摧枯拉朽，金马河就是在无数次地震洪水冲击下形成的岷江自然河道。金马河从都江堰至新津，基本上是一条直直的河道，足以说明地震洪水冲击力的强大。金马河历史久远，大江大水，形成以金马河为中心的河流体系。此阶段古岷江在成都平原上河面宽阔，夏秋水涝成灾，冬春也大江大水。

2. 都江堰建成至紫坪铺水库修建之前的阶段

秦李冰修都江堰，在古岷江上分水，形成了都江堰的内外两江，古岷江在成都平原川西坝子这段河道就此成了外江金马河，而此阶段的金马河，主要成了成都平原的分水母河，一是都江堰分水，二是羊摩江（羊马河）分水，三是新开江（江安河）分水，四是杨柳河等分水。

修都江堰，解决了成都平原西边水涝、东边干旱的问题，浇灌了成都平原大部分田地，成都成为"天府之国"。同时，因社会发展，船运兴盛，李冰修

---

① 谭徐明，女，成都人，中国水利学会水利史研究会秘书长，水利史研究所所长，博士生导师，都江堰水利史专家，著有两本不同版本的《都江堰史》：一本为2004年科学出版社出版，另一本为2009年中国水利水电出版社出版。

都江堰凿宝瓶口，内江水至成都，本身就带有行船目的。

此阶段，因层层分水，金马河水量减少，形成了冬枯夏丰的特征，冬季搭竹木桥过河，夏季撑船摆渡过河。因河水被分走，金马河水面变窄，两岸出现干涸沙洲，农户开始利用沙洲地种庄稼药材等。夏季暴发洪水，金马河就成了泄洪排洪的河道。

明清至民国叠溪地震期间，因社会发展，农田灌溉，物资交流频繁，船运达到高峰，金马河进一步被大量分水。除内江、羊摩江、新开江分水外，又增加了玉石河、大朗堰河分水，金马河进一步出现"大河流小水"的"小河"现象。

关于"明、清之间，杨柳为大江，金马为支流"之说，据《千古蚕丛路 沧桑话双流》记载①，是引自邓少琴主编的《四川省内河航运史》，邓少琴在此是说杨柳河的航运状况，当时的杨柳河，是温江等地主要行船河运通道，上可逆水回金马河去都江堰、成都，下可顺水经双流彭镇去新津、乐山、宜宾等。

需要说明的是：其一，此处的"杨柳为大江，金马为支流"，是针对杨柳河的水大于金马河的水而说的，并不是说杨柳河就真的是岷江正流。因为金马河经过层层分水，杨柳河将金马河的水全部分走通船，而金马河不走船，不需要水，因此，就有了"杨柳为大江，金马为支流"之说。

图 2-2　都江堰现存最早的照片/英国女摄影师伊莎贝拉·伯德摄于1896年

---

① 参见田宏梁、王泽枋：《千古蚕丛路　沧桑话双流》，四川辞书出版社，2006年版，第27页。

其二，明末和清末，因战乱，社会长期处于混乱状态，金马河年年堵塞而无人管理，于是就有了"清初，金马河在温江玉石堰下与石鱼河分流，时为小河。清末，当羊马河变成岷江干流时，金马河改由羊马河起水"之说。

这里的"小河""起水"，都是因特殊年代无人管理而出现的短暂现象，不能理解为金马河是真正的小河，甚至推出"民国二十二年，叠溪水暴发后，金马河被冲宽，形成了岷江正流"的错误结论。

民国时期，因为社会发展，陆路（马路）开始修建，河运开始减少，民国二十二年（1933）叠溪地震后，船运基本就没有了，河水开始回归金马河。叠溪地震引发洪水，使河水标志性回归，从此不再行船，但也恰巧给金马河戴上了"叠溪洪水冲宽金马河，从此成为岷江正流"的帽子。

由于河水的回归，金马河年年夏季涨大水，尤以1964年为甚。金马河因此进入年年岁修阶段。

3. 紫坪铺水库建成以后阶段

都江堰上游修建了紫坪铺水库，从此，金马河没有了洪水灾害。后来，都江堰外江修了水闸，金马河以下分水河改为在内江分水，金马河进入了一个无水无分水河、永远保留河道的新阶段。

从时间上看，修都江堰到现在，不过两千多年，这对金马河漫长的历史来说，太短暂了。现在的金马河，河道宽阔规整，河水很少（因河床高位差渗出的水），甚至没有水，但金马河仍是岷江正流，这可能将是金马河以后永远的状态了。

（二）金马河的四个特征

修都江堰后，金马河被层层分水，分水后，金马河出现了四大特征。

1. 两岸出现大量河滩沙洲地

岷江金马河被层层分水后，两岸出现了大量干涸的河滩沙洲，特别是大朗堰河分水后，金马河东西两岸出现了绵延二三里宽的干涸沙洲地。这些河滩沙洲特别适合种植蔬菜、花生、中药材等。

2. 夏秋季丰水摆渡过河

夏秋季节，岷江上游雨水丰沛，金马河呈现出大河大水的丰水状态，此时，都江堰因宝瓶口的进水受限，呈二八分水状态，大部分水走外江金马河。由于夏秋丰水，人们摆渡过河。

1933年夏，刘文辉与刘湘在金马河边打了一场四川军阀史上最大的"岷江战役"，刘文辉就利用岷江金马河夏季大水，成功地阻挡了刘湘的进攻。刘湘最后通过策反刘文辉部下，才突破刘文辉的金马河大水防线。

常璩《华阳国志》中所记载的五津，就是金马河夏秋季丰水期时的五个渡口。

3. 冬春季枯水搭桥过河

到了冬季，岷江上游来水少，因各河行船的需要，金马河水被全部分走，春季一到，农田灌溉开始用水，因此，冬春两季，都呈现"零十"分水状态。人们搭竹木临时桥过河，甚至涉水过河。唐朝杜甫有观皂江搭竹桥诗三首，当时正值金马河冬季枯水期，杜甫的诗真实反映了金马河冬春季节枯水搭竹木临时桥过河的特征。

4. 排洪泄洪

当岷江上游下大雨，或因地震形成洪水时，金马河就是主要排洪泄洪河道。各分水河道在大洪峰来临时的分流微不足道，金马河首当其冲，承受洪水灾难。

明清时期，北京修皇宫紫禁城，都江堰上游岷江一带的楠木被伐，利用岷江涨水冲到下游长江，俗称"冲登子"，金马河一直是漂伐木的河道。20世纪五六十年代以前，岷江上游还在伐木，大量木材随金马河洪水漂流下来。

以上就是金马河被层层分水后出现的四大显著特征。认识了金马河的四大特征，就能理解金马河上的特殊现象了。

三、擦耳岩：五津之涉头津

金马河由北向南，把东边的成都双流温江等与西边的崇州大邑邛崃隔开，形成了一道天然的交通屏障，阻碍了东西两边人和物资的交往。在长达81千米的金马河河道上，东西两岸主要靠津渡通行。由于修都江堰后的层层分水，金马河形成了夏秋丰水摆渡过河、冬春枯水搭临时竹桥过河的特征。《华阳国志》记载的五津就是金马河上夏秋时节的五个津渡（五津的考证论证，可参见拙著《认识金马河》第二章"文物佐证五津之涉头津为双流擦耳岩古渡"）。

经考察，金马河上的五个津渡见表2-1：

表 2-1 《华阳国志》五津与现代五渡（都江堰至新津的金马河上）

五津	五渡	金马河西	金马河东
白华津	徐渡	都江堰及青城山、崇州街子等	郫县、成都
万里津	晏家渡	崇州怀远、三郎、元通等	温江、成都
江首津	三盛渡	邛崃、大邑县城、崇州市等	温江、成都
涉头津	擦耳渡	邛崃、大邑安仁、崇州三江、江源等	双流、成都
江南津	新津渡	邛崃、眉山等	双流、成都

第三章

擦耳岩摆渡

本章提要：金马河夏秋季丰水，由于擦耳岩河口是金马河最窄河道，河水特别湍急，极不易摆渡，但擦耳岩古人顺应自然，因地制宜，创造发明了一种"筸索吊船，借力驾船"的特殊摆渡方式，不用人撑船划桨，没有机器动力，巧妙地利用河水流动之力驾船摆渡，变不利为有利，用最少最简单的设备，一根长绳、一只大船、一把长橹，一个人操作，就在200来米宽的河面上驾船摆渡了千年，创造了三项全新纪录。擦耳岩古渡是我国古代劳动人民的智慧结晶和劳动成果，不愧为中国第一神奇古渡。①

一、探索摆渡方式

（一）极不易驾船摆渡的擦耳岩河口

岷江金马河水在擦耳岩河口处受到东岸河道的阻挡，河面向西紧缩，形成河弯，河口变窄，河水加速流动，形成湍急水流，浪高且险恶，河流行船坏境十分恶劣，极不容易摆渡。但这里是崇州、大邑去成都最近的河口，过河的人多，因而请求开船的人也多。特别是有急事要过河的人，对开船的诉求更强烈。擦耳岩人经不起哀求，有人下河开船了。但最终不是被恶浪打翻葬身河里，就是被河水冲到下游，半天上不来。

千百年来，不知多少人在擦耳岩葬身河中。

擦耳岩河口水流环境恶劣，不易开船摆渡，但这里过河人多，又不得不驾

---

① 相关内容可参见拙著《认识金马河》第四章"不用人撑船划桨的天下神奇古渡"。

船摆渡。在这种十分矛盾纠结的情况下，擦耳岩人不得不去寻找探索新的驾船摆渡方法。

(二) 探索出新的摆渡方式

大凡驾船摆渡，船上都有动力。以前全靠人工撑船划桨，后来有了机器，船上都用机器作动力了。然而擦耳岩渡，以前不用人撑船划桨，有了机器后，也不用机器作动力。后来渡船成了汽车渡，载汽车过渡，渡船也没有机器动力。擦耳岩渡是怎么开船摆渡的呢？

《双流县交通志》记载：新中国成立以来，汽车渡船沿袭挂牵的办法，先是使用楠竹牵藤，后改用钢丝绳，一头系于船桩，另一头系于河心（或河坎）的木桩或水泥桩上，来回摆渡。

擦耳岩河口行船环境恶劣，不易驾船摆渡。开船人首先要解决的问题，就是如何使船不被河水冲走。擦耳岩人发挥聪明才智，尊重自然，因地制宜，因势利导，在河心筑起一座固定点，用一根长竹绳，一头拴在固定点上，一头顺河而下，拴在渡船头上，渡船在河中被长竹绳牵吊着，就不会被河水冲走（为了防止长竹绳坠入河水中增加阻力，又用三至四只小船，将长绳系于小船上，使绳索不坠入河水中，以减小阻力）。人们再将渡船做宽做大，以抗恶浪。把船挂吊于河中后，用一根长橹，从渡船尾部伸到河里，利用河水冲击长橹之力，巧妙地将此力转换为驾船之力（如图3-1所示）。

擦耳岩渡船的长橹，不是摇橹，不用人不断地摇，而是船老大掌着，将橹伸到河水激流中，借河水冲击长橹之力驾船。

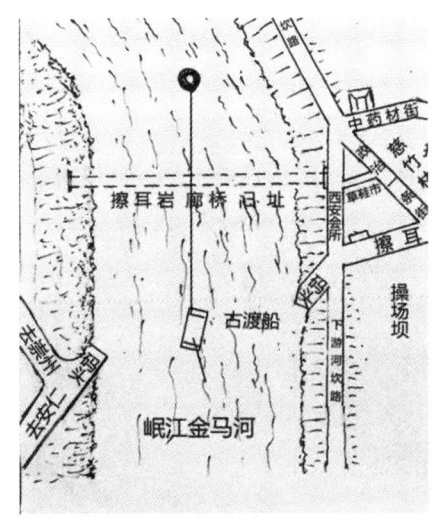

图3-1 擦耳岩渡摆渡方式图示

擦耳岩古人在不断探索和细心摸索中，创造发明了一套独特新颖的驾船摆渡方法，用竹索牵吊船，使其不被冲走，又利用河水流动之力，荡秋千（钟摆）式地来回于两岸，科学智慧，不用人撑船划桨，不用机器动力，完全没有动力成本，效益极高。

这种方法简单实用易操作，一根长绳、一只大船、一把长橹，一个人驾船就能在湍急宽阔的河流中摆渡，一船能载几十人和物（包括猪、牛、马等），满足了过河人多的需求。

这种方法一直沿用到20世纪90年代。船工将竹篾绳改为钢丝绳，木船改为钢制船，还是同样的方法，擦耳岩渡就成为汽车渡，而且一船能载三辆解放牌汽车过河，一直到擦耳大桥建起后才停运。

我采访了擦耳岩老人陈火全，他是最后一届汽车渡船班班长。他说，他早先开过用楠竹篾绳牵挂的渡船，后来开汽车渡钢制大船，船宽6米，长20米，逢擦耳岩赶场时，一船要载百余人和物。由于渡船载重量大，为了保证安全，开汽车渡时，另增加一人协助掌渡。

图 3-2　擦耳岩汽车渡船/双流区档案馆供图

双流区档案馆提供了一些珍贵的照片，其中就有擦耳渡照片（如图 3-2 所示）。照片中可见，擦耳岩渡口河边，静静地停着一艘汽车渡大船。根据河中的水量和岸边四人的穿着可知，这是春季。此时的渡船已经过冬季维修保养，但还没有开船运营。因春季金马河水被都江堰等拦水栽秧灌田，河水较浅，达不到开大船要求，只能开小船济渡。照片中有两对男女，正坐在河边的石头堆上守着小船，等待过渡。撑船的船翁，不知去了哪里。两对男女坐着的石头堆旁边一立一倒停着两辆自行车，可知他们或是去了成都回来，正待过渡回家。夕阳西下的擦耳岩渡，一派温馨、宁静、甜蜜。

二、科学摆渡原理

金马河从都江堰出来,一路直流而下,来到擦耳岩处时,被这里特殊的地形河坎斜挡住河道,逼金马河在此向西拐了个弯,河面因此变窄,河水湍急恶浪多。面对汹涌的江水,如何摆渡驾船?前人翻船落水,是因为船太小,不能抵抗激流浪涌,唯一的办法就是用大船;要避免船被冲到下游半天上不来,唯一的办法就是把船牵住,不让河水冲走。用大船好办,把船做大即是,但要怎样牵住船,不被河水冲走呢?擦耳岩人仔细观察河段环境情况,久久探索,终于找到了办法。

(一)筰索吊船

经观察,金马河东岸上游的河堤是弯着的,可以把牵挂船的起点设在河堤上,做一个大枹槎,用堆石固定,把牵挂绳索拴在枹槎上,然后放长绳,顺水而下牵住船。绳索用竹篾扭制而成,古时称竹篾扭成的绳为笮(筰)。这样终于把船牵挂住,吊在河中了。

(二)借力驾船

渡船被牵挂着,吊住渡船头的一角,从船尾伸一根长橹到河里(如图3-3所示),利用河水冲击长橹的力来驾船,这就是借河水流动之力驾船过程。经过不断摸索,擦耳岩古人终于熟练掌握了"借力驾船"的技术。

图3-3 擦耳岩渡船/引自《双流县交通志》第116页

"借力驾船",是擦耳岩渡船的神奇所在,也是核心技术所在,是长时间探索的结果,体现了古人的聪明智慧。

三、擦耳岩古渡的历史文化价值[①]

擦耳岩古渡独特的摆渡方法原理,打破了驾船摆渡的一般思维,开创了新的驾船摆渡模式,其科学性、经济性、操作性,经千余年来的摆渡运营实践,均堪称完美。

擦耳岩古渡用极其简单的一根长绳、一把长橹,创造了我国驾船摆渡史上的三项全新纪录。

图 3-4 擦耳岩汽车渡船放大图

图 3-4 中为擦耳岩汽车渡船,船上没有任何机器动力,靠一根牵挂渡船的钢丝绳,一把借河水流动之力驾船的船橹,一个人掌渡,就能在宽宽的金马河上摆渡。图中可见牵挂渡船的钢丝绳、拴钢丝绳的船桩、船尾借河水流动之力的长橹。

(一)开创了全新的摆渡模式

擦耳岩渡"筆索吊船,借力驾船",就是用一根长缆绳牵挂着渡船,吊船于河中,利用河水流动之力驾船摆渡,这种全新的独特方法和原理,科学实用易操作,开创了驾船摆渡的一种新思维、新模式。据相关资料及笔者研究考

---

① 相关资料请参见《双流文史资料选辑》(第二十三辑);《成都晚报》2018 年 9 月 28 日第 8 版《中国第一神奇古渡 渡船一摆就是一千六百年》。

察，擦耳岩渡的这种全新模式，在我国为首创，具有一千八百年的历史，且运营年限最长。因此说，擦耳岩渡的驾船摆渡方法，具有显著的独创性，开创了我国在驾船摆渡模式上的一项新纪录。

此模式被《四川省公路志》记载为钟摆渡，认为该方式"安全省力效率高"。

（二）最早利用河流之力驾船摆渡

擦耳岩古渡创造了我国最早利用河流之力为人们服务的典范。利用河水自然流动之力，至今只有秋千（钟摆）渡和提水筒车（水轮车）两种形式。但擦耳岩渡利用河水流动力的效率远远高于筒车。而且，擦耳岩渡有一千八百多年的历史，比发明于隋盛行于唐的筒车，还早八百多年。因此说，擦耳岩古渡是我国最早利用大自然河流之力为人们服务的例子，首创了人类利用河水流动之力的新纪录（注：古时的水碓、水排等，现代的水轮机、水力发电等，不是利用河水在河里的自然流动力，而是利用水位的高低落差，来冲转水车做功的，与利用河水自然流动力的擦耳岩渡船和筒车，是两码事）。

目前，利用河水流动之力的擦耳岩古渡和筒车已经没有了。但筒车作为旅游景区的一个形象景点，得到了开发利用。而类似擦耳岩钟摆渡的渡口文化，却没有得到开发利用。古人创造性利用河水流动之力的聪明智慧，是应该被铭记的。

（三）创造驾船摆渡零动力成本

大多数摆渡船，都要靠人工撑船划桨或机器动力。其动力成本，要占整个摆渡成本的大部分。但擦耳岩的钟摆渡，没有动力成本，创造了零动力成本的全新摆渡纪录。擦耳岩渡船不用人撑船划桨，也没有机器动力，完全是借用大自然河水的流动之力来驾船摆渡，没有动力成本。这正是擦耳岩驾船摆渡的又一个智慧亮点，自然应该记录在驾船摆渡历史上。

擦耳岩古渡创造的三项新纪录，体现出擦耳岩古渡极高的历史文化价值。

四、陆游诗对擦耳岩古渡的诗证价值

南宋诗人陆游，八百年前在崇州做官，从崇州到成都时，写了一首名为《自江源过双流不宿径行之成都》的诗，经笔者考察研究，其开篇"断筴飘飘挂渡头，临江立马唤渔舟"就是对岷江河畔擦耳岩千年古渡的真实描写，具有非常重要的历史价值。

陆游在崇州做官，常奔走于各地，也常来往于崇州与成都之间，最熟悉从哪个渡口过河去成都最近。这首诗题，说的就是走岷江河畔的擦耳岩古渡（今双流彭镇）过河去成都，不用住宿，一天就到。即是说，走这里过渡去成都是一条近路（如图3-5所示）。

"筏"，用竹篾拧成的索，"断筏"，有断头的竹篾绳，即绳头；"飘飘"，指风吹貌，如红旗飘飘、长发飘飘等；"渡头"，渡口，乘船过河的地方。一根竹篾绳在河中随江水"飘飘"而来，拴挂着渡船头。这是陆游站在渡船头上，看到河中飘荡而来的竹篾绳拴在渡船头上的情景。渡船很神奇，不靠人划桨就能开动，陆游的内心不禁也随之"飘飘然"激动起来。

后句写的是陆游牵马来到江边，停住马，江面很宽，渡船在对岸，看上去就像渔舟一样，陆游不得不大声呼唤渡船。陆游在这里采用了倒装句，把站立船头看到竹绳从河中飘荡而来拴挂船头的情景描写放在前，把牵马来到江边唤船的情景描写放在后。

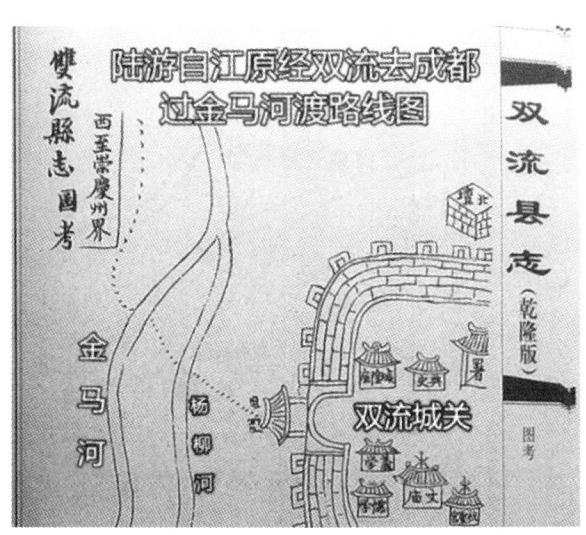

图3-5　陆游经双流去成都路线图

陆游的"断筏飘飘挂渡头，临江立马唤渔舟"两句，是对擦耳岩古渡船的真实描写，有着重要的历史价值。

首先，"断筏飘飘挂渡头"，就是对擦耳岩古渡"筏索吊船，借力驾船"的描写记载，说明擦耳岩的神奇摆渡方式，在陆游生活的南宋时期就已存在。其次，"临江立马唤渔舟"说明，擦耳岩渡河口很宽，能载马过河的大渡船在对岸，看上去像渔舟一样小，证明岷江金马河在宋朝时就是大江大河。有史料说，金马河以前是小河，是1933年叠溪地震才被洪水冲宽为岷江正流的，陆游的这句诗，说明了史料记载有误。再次，陆游牵马过渡，说明擦耳岩渡船是能载马、牛等大型牲口、推车等过河的大船。擦耳岩渡古时是成都去崇州、大邑等的要道，人员和物资往来频繁，夏秋季丰水期摆渡过河，冬春季枯水期搭竹木临时桥过河，一年四季都畅通。

五、擦耳岩摆渡历史悠久

据《双流县交通志》记载，擦耳岩渡，旧名中渡，又名西安桥渡，系古渡之一。

经笔者考证，擦耳岩渡系岷江金马河上的千年古渡。《华阳国志》中记载"四曰涉头津，刘璋时，召东州民居此"，涉头津就是双流擦耳岩渡，"刘璋时，召东州民居此"，从东汉末年的东州民（约公元200年）算起，擦耳岩渡有一千八百年历史了。

古时，岷江金马河里蛤（虾）蟆多，擦耳岩曾经叫"虾津"。蛤蟆多，水蛇就多，水蛇在水里游时，总是翘着头在水面上游走，"涉头津"疑是"蛇头津"，但无考证。因上有温江三渡水渡，下有新津渡，这里因此又叫"中渡"。清朝晚期，这里修了廊桥（擦耳岩西安大桥），廊桥被洪水冲毁后又恢复了摆渡，于是叫"西安桥渡"，后来叫"擦耳岩渡"。

擦耳岩摆渡千年，也有出事故的时候，主要是河水大，冲击力强，超出了船缆绳的承受力，发生绳断船翻事故。

2021年2月3日，我们在双流香楠苑文清农耕博物馆搞"打春牛"活动，博物馆老馆长赵文清对我们说，有一次在擦耳岩过渡时，有一妇女抱着的小孩把屎拉在了一位大爷的身上，大爷骂妇女"咋个抱的娃娃？"两人就吵起来了，你一句我一句，越吵越凶，船老板对他们喊"上不上船哦？"两人只顾吵嘴，根本不理会船老板的话，船老板见他俩还要吵，于是捞起船杆向岸边一戳，开船了，船一飙，就开向了河中间。船开了，两人才住了嘴，傻呆呆地站在岸边，看着开到河心的船……忽然，有人喊"缆绳断了，船被冲下去了"……没有冲多远，船翻了……看得傻呆呆的大爷突然回过神来，一下子把娃儿抢过来抱起，嘴里不停地说："你个神童娃娃，感谢你，屙泡屎救了我！"

六、相关报道和建地标保护

2018年9月28日,《成都晚报》以《中国第一神奇古渡 渡船一摆就是一千六百年》为题,报道了擦耳岩古渡,指出擦耳岩古渡为我国最早利用河水流动之力驾船摆渡之处,是我国最早利用大自然河水流动力为人类服务的典范。从中可看出双流擦耳岩古渡的文化价值所在。

2019年8月30日,《空港双流》以《双流擦耳岩神奇的千年古渡》为题,报道了擦耳岩古渡,认为其具有世界级古渡文化价值,说是中国古渡史上的皇冠,一点也不为过。

2019年底,在成都市双流区文物保护管理所考古专家李国队长的带领下,擦耳岩古渡原址处建了成都文化地标"擦耳岩古渡"(如图3-6所示)。

图3-6 擦耳岩古渡原址文化地标

地标文字内容如下:

> 擦耳岩古渡位于双流的金桥与崇州三江之间,是古蜀先民由岷江西岸跨河进入岷江东岸的成都平原腹地的重要通道之一,数千年来为两岸民众重要的通行要道。
>
> 岷江是自然冲积而成,古称"大江"。东晋常璩《华阳国志》记载,"其大江,自湔堰下至犍为有五津",初唐诗人王勃"城阙辅三秦,烽烟望五津"。五津指都江堰(湔堰)至新津(东晋时属犍为郡)

的五个古老渡口，擦耳岩古渡属五津之涉头津。

擦耳岩古渡历史文化悠久，是岷江金马河上五个古渡的典型代表。其独特的"筰索吊船，借力驾船"科学摆渡方法，创造发明的"自动渡河船"，如同都江堰一样，尊崇自然，顺应自然，蕴藏着"道法自然"的思想，成为岷江上人与自然和谐共处的又一经典。擦耳大桥修建后，擦耳岩古渡也结束了摆渡历史。

——成都市双流区文物保护管理所

第四章
擦耳岩廊桥

本章提要：随着社会的发展，人员和物资流动愈加频繁，为保障擦耳岩古道要津的畅通无阻，风雨昼夜能通行，在双流崇州大邑邛崃等地政府及乡绅的募捐资助下，清光绪年间，人们终于在擦耳岩建起了一座廊桥——四川双流县擦耳岩西安大桥。这是金马河上建的第一座固定桥，也是通行量最大的桥。它是当年川西平原上最长的廊桥，被来自英国的一位女摄影师拍成照片，载入我国第一本风景画册《中国名胜》，擦耳岩廊桥随该画册扬名海外。

一、被遗忘的廊桥

从来没听人说过，双流擦耳岩在120年前有座廊桥，而且是川西平原上的第一廊桥，这样一座风景廊桥，怎么会被遗忘呢？

查阅有关历史文献，《双流县志》（民国版）记载：

中渡[①]治西二十五里擦耳崖，为金马河要津，即沙湾上游十里。光绪中，募建西安桥，桥楼四十八间，工费浩大，邑绅吴特仁、吴应安等，捐田四十余亩，以作岁修，行旅便之。后数年，复为洪水冲毁。[②]

《双流县交通志》记载：

[①] 擦耳岩渡又称"中渡"，其意是上有温江三盛渡（三渡水），下有新津渡，擦耳岩位于中间，所以又叫"中渡"。

[②] 双流县旧志丛书整理委员会：《双流县志》（民国版），中国文史出版社，2014年版，第26页。

擦耳岩渡，旧名中渡，又名西安桥渡。系古渡之一，该渡口地处金马河，东临擦耳岩，西岸为擦耳乡万凼村、崇庆县听江乡结合部，是双崇路要津。光绪中募建西安桥，桥楼48间，工费浩大，邑绅吴特仁、吴应安、吴仕琦捐田40余亩，以作岁修，后数年被洪水冲毁，仍由私人摆渡。光绪二十三年（1897年）设义渡，募化置田产，从此，一直是洪水期舟渡，枯水期搭便桥，以便利交通。义渡选举首事，经理其事。①

根据以上记载，该处于1897年复设义渡，称"西安桥渡"，可知此时廊桥已被冲毁。

可叹的是，有着48间桥楼，堪称川西第一的风景廊桥，却没有在史志"桥"类栏目中留下任何记载，只在"渡"栏目里找到点线索，并且连桥的全称都没有，难怪被遗忘。

2016年6月25日，《华西都市报》刊登了一篇题为《百年前美国双语画册再现成都半边桥等旧景》（姜小平/文图）的文章。文中有一张"四川双流县擦耳岩西安大桥"照片，即擦耳岩廊桥照片（如图4-1所示）。没有想到，金马河上擦耳岩，百年前曾经有过这么漂亮，这么有规模，这么风光的廊桥！（廊桥位置如图4-2所示，关于该桥具体位置的考察请参见拙著《认识金马河》第三章"金马河上的中国名胜廊桥"。）

图4-1 擦耳岩廊桥（西安大桥）/引自《华西都市报》

---

① 双流县交通局编纂办公室：《双流县交通志》，内部资料，2008年版，第115页。

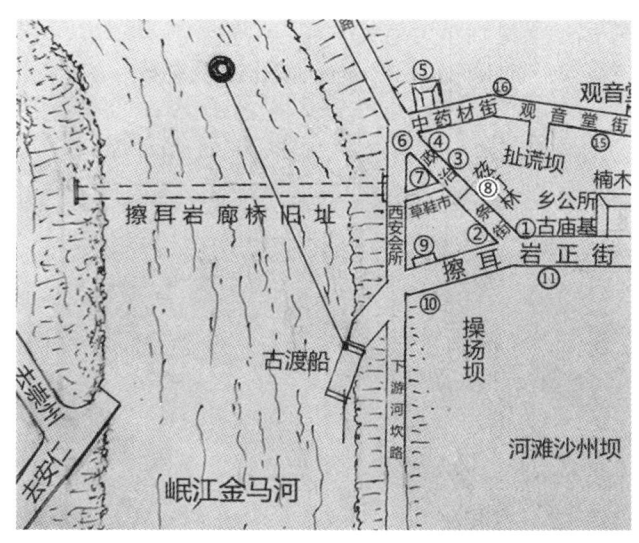

图 4-2 擦耳岩廊桥位置图示

结合照片和文字记载，廊桥的情况基本清楚了：廊桥建于清光绪年间，从记载有桥楼 48 间得知，照片上只照出桥长的三分之一，还有三分之二没有照出来。经分析，桥长约 200 米。从桥的建筑和样式来看，桥墩为石垒基座，由三根大木柱支撑，桥面为木柱龙骨，木板铺面，木桥栏，桥栏有坐板，桥上盖顶，俨然属于廊桥。

这是金马河上建的第一座固定桥，是车马可行、风雨无阻、日夜通行的廊桥，也是川西坝子中部通行量最大的桥。因建桥工程浩大，除地方政府的支持外，还有乡绅等的资助。

从照片上看得出，廊桥上有隐约的人影，有站着扶在桥栏边观望的，有坐在桥边坐板上闲聊的，还有刚从桥头走来的一群悠闲的人。从高高的桥墩柱子可知，桥下的金马河是要涨大水的河。从桥下宁静的水面和桥头落叶的树枝看出，此时的金马河正处于冬季枯水期。

长长的古朴廊桥，高高的桥脚，清清的水面倒影，静静的廊桥头，落了叶的老榕树，桥头密集的房顶，俨然一幅优雅恬静、富有特色的川西岷江金马河古朴廊桥风景画。

那么，廊桥照片为什么只照了三分之一呢？

经分析，该廊桥有 48 间桥楼，约 200 米长，高桥墩。因当时的摄影技术限制，不可能把整座桥都照下来，只能照局部，自然，选择擦耳岩桥头最能体现地方特色。但这样还不能把廊桥的特色照出来，擦耳岩廊桥除了长外，还有一大特色，就是高，因为夏季要涨水，自然桥要高，三根支柱高高地支撑着桥身，这也是擦耳岩廊桥的特点，要照出这一特点，就只能站在河面往上照。当时正值金马河枯水期，摄影者大概是雇船到河中对廊桥进行拍照，留下了一张很有特色的廊桥风景照（全桥复原效果图如图4-3所示）。

图4-3 擦耳岩廊桥全桥复原效果图

摄影师为我们擦耳岩廊桥留下了唯一一张历史性的珍贵照片。我们衷心感谢这位摄影师，如果没有这张照片，我们真不知道擦耳岩还有这样一座美丽的廊桥，而且是当时中国的风景名胜。

二、英国女摄影师与廊桥邂逅

根据《双流县交通志》记载，廊桥建成后数年即被洪水冲毁，仍由私人摆渡。光绪二十三年（1897）设义渡，从此，一直是丰水期摆渡，枯水期搭便桥，以便利交通。

清光绪二十二年（1896），一位英国女摄影师来到四川成都。她当时已65岁，带着笨重的照相器材，为四川留下了百余幅珍贵照片，她就是作家、旅行家、摄影家伊莎贝拉·伯德（Isabella Bird）。成都电视台人文历史节目"东周社"中的"遇见都江堰"，讲都江堰的第一张照片，就是伊莎贝拉1896年所照。《天府广记》载文称，伊莎贝拉是第一位为天府存照的女摄影师。① 据英国德博拉·爱尔兰所著的《伊莎贝拉·伯德：中国影像之旅1894—1896》记载，伊莎贝拉（如图4-4所示）1831年出生在英国约克郡，从小被脊柱和心脏疾病折磨。她从小身体羸弱，为锻炼身体，她23岁开始外出行走，从欧洲去了美洲，又来到亚洲，1904年，伊莎贝拉在爱丁堡去世。

---

① 《伊莎贝拉 第一位为天府存照的女摄影师》，《天府广记》2020年第9期。

图 4-4 伊莎贝拉·伯德

《伊莎贝拉·伯德：中国影像之旅 1894—1896》记载，1896 年 1 月，65 岁的伊莎贝拉·伯德从上海出发，乘轮船至汉口，再由汉口到宜昌，乘帆船从宜昌穿过长江三峡，到达万县（今重庆市万州区），再从万县走陆路经梁山县（梁平）、渠县、营山、南部到达阆中，再经苍溪、剑阁、梓潼、绵阳、彭县（彭州市）、灌县（都江堰）到达成都，后又从成都出发，沿岷江上游经汶川、理县等到达马尔康，再返回成都，从成都乘船过重庆向东返回上海，历时 5 个多月。

伊莎贝拉·伯德从上海来到成都，大约是 1896 年初，从她在路上的摄影照片可以看出（如图 4-5 所示），当地人穿着冬装、抄着手，说明当时的天气还较冷。

图 4-5 成都平原乡镇/伊莎贝拉·伯德摄

伊莎贝拉·伯德极有可能是擦耳岩廊桥照片的摄影师，因为据《天府广记》的记载，在她之前，还没有摄影师来过成都。她在成都及都江堰等地照相，而擦耳岩廊桥当时已建数年，离成都近。《伊莎贝拉·伯德：中国影像之旅 1894—1896》中记载，伊莎贝拉·伯德是 1896 年 5 月 20 日离开成都的，而据上文所引《双流县交通志》的记载，至迟在 1897 年，廊桥就被洪水冲毁了。因此，我推测，伊莎贝拉·伯德是最有可能为廊桥照相的摄影师。

三、廊桥扬名海外

（一）第一本中国风景名胜画册《中国名胜》

根据《华西都市报》（2016 年 6 月 25 日）报道可知，"四川双流县擦耳岩西安大桥"照片，来自一本名为《中国名胜》的画册，该画册是当时中国游美实业团在美国采用中英文双语印刷出版，专门赠予在美国的华侨及美国友人。《中国名胜》共收录中国各地名胜照片 80 幅，其中就有"双流县擦耳岩西安大桥"照片。

我查到《中国名胜》画册，首页印有清朝中国与美国的两国国旗图案，并有文字记载"大清宣统二年八月清美实业家交欢盛会之纪念中国商会敬赠"（相关图片请参见拙著《认识金马河》第三章）。

（二）《中国名胜》画册五次再版

可见，画册是宣统二年（1910）中美企业家联欢，中国商会为纪念而作的赠品。此画册在国内外受到极大欢迎，当年八月初版，九月就再版了。画册共载入全国风景 194 幅，由商务印书馆编纂发行，全国有二十个分售处，四川有成都、重庆两处。此后不断再版，民国二年（1913）七月第四版，民国四年（1915）四月第五版，分售处增加到三十六处，每本定价一直为大洋三元。

这是中国第一次印制国内风景名胜画册，短短五年就再版了五次。可见《中国名胜》画册受到国内外欢迎之热烈。

第一版的双流擦耳岩廊桥名称为"四川双流县擦耳岩西安大桥"，以后再版的名称为"四川双流擦耳岩西安大桥"，少了"县"字。

可见，当年金马河上的双流擦耳岩廊桥，已是中国名胜风景，并得到广泛宣传。

（三）廊桥在国际上的广泛宣传

据华语广播网特约记者招思虹的文章《一批见证中国商务印书馆1915年参加美国巴拿马太平洋博览会的文物现身旧金山》（2010年4月1日），1915年，在美国巴拿马太平洋博览会上，《中国名胜》（如图4-6所示）与《中国新事业之一斑》《中国历史教科书》《中国地文学》《经训教科书教授法》等，同时在会上展示。可见，廊桥随《中国名胜》一书，在国际上得到广泛的宣传。

图4-6　1915年版的《中国名胜》/引自网络

2020年6月20日，谢添老师发给我一张他刚收集到的日文图片资料，上面有双流擦耳岩廊桥照片，说明当时双流擦耳岩廊桥风景已经在国外传播了。

图4-7　日文资料/谢添提供

图4-7中的日文，经覃宗良老师在日本的儿子翻译如下：

双流县城位于成都南边40支里新津县，道路平坦交通方便，叫作地县城，人口仅五六千，户数千，是个小城市。其位置离成都近，大型贸易都在成都进行。附近没有特种产业，加上成都雅州方面到新津需要一天日程，此地只是旅客路过之地，因此城内街道基本都是荒废的空地，其中只有一部分贩卖日用品的，除了开市的日子以外极少有人路过。也就30人左右，轿子、马车数量也少。住民生活水平一般偏低，有大规模邸宅的富豪较多。饮用水是河水及井水，质量尚可。

覃老师说，有关那张图片和下面一栏文字，他和儿子交流后基本达成如下共识：

西安廊桥那张照片可能是美国人拍摄的，自从列强敲开清朝中国的大门后，美国来华的传教士最多，成都就有不少，此外还有些记者、学者、商人等，喜欢在中国各地逛游，就拍摄了各地许多景点，回美国后与华人合作，就选择其中最好的，出版了中、英双语画册《中国名胜》，共80页，其中四川4景，擦耳"西安大桥"就名列其间。此画册肯定也传到中、日两国，中国处于战乱年代，许多文物失落，画册也难以保存，但日本一定保存得好。甲午战争后，日本雄心勃勃，就要进一步打中国的算盘，派人来华各地考察，从事间谍活动，日本"浪人"更是横行无忌。他们对我国各省、市、县进行全面了解，掌握情况后才决定今后是否对华发动全面战争。这本资料就是他们调查的总结，图上显示的是对双流调查的开头一段，不全面。他们大概只限于县城以上的调查，不可能去广大乡村，更不可能到边远的擦耳岩来。虽然廊桥已毁，但图片还在，所以就把曾经双流最有名的景点西安廊桥的照片作为这一章的配图，当然，对廊桥和擦耳岩就没有文字记载了。它记载的清朝末年或民国初年的双流县城，确实又小又穷，只有千户人家，除了逢场就是冷冷清清。但它又记载了"有大规模邸宅的富豪较多"，说明双流县城是一座历史比较悠久的古城。

日本把廊桥图片作为双流的标志，说明他们对双流进行了调查了解，这幅图片和资料内容，就是日本侵略中国，对双流进行调查了解的证据。

据谢添老师介绍，1907—1918年间，日本的东亚同文书院之毕业生及老师，在中国各省进行全面实地调查。东亚同文书院是日本的间谍机构，从 1901 年成立至 1945 年抗日战争结束的 40 多年来，该校始终让其学生对中国进行实地调查，前后约有 4000 名日本学生分成近 700 个小组参加了调查旅行，调查内容涉及中国各地经济状况、经商习惯、地理形势、民情风俗、多样方言、农村实态、地方行政组织等，为日本侵略中国服务，其调查之详细，范围之广，统计数据之精确，令人慨叹。这些调查报告真实记录了当时中国各地的风土民俗、水文地貌等，具有极高的史料价值，是研究民国史、经济史、社会史、地方史的重要参考文献。

第五章
擦耳岩搭桥

本章提要：自从修了都江堰，层层分水后，金马河就出现冬季枯水现象，于是每一年的枯水期，人们就在河上搭建临时竹桥，直到20世纪90年代建了桥，临时竹桥才退出历史舞台。唐朝时，杜甫在皂江（即金马河）观搭竹桥，留下诗篇。我年轻时，还推鸡公车从擦耳岩冬季搭的竹木桥上走过。

一、冬季枯水搭竹木桥

进入冬季以后，金马河上游雨水减少，再加上内江、江安河、杨柳河等层层分水，金马河几乎就断流了。但由于地势差，到擦耳岩，河里还是有一大股水流的。特别是擦耳岩河道呈 U 型，河床底偏东（偏擦耳岩），冬季水面仍有二十来米宽，最深处可没过成人腰部，不能涉水过河，冬季必须搭桥过河。

搭竹木桥，最重要的是河中的桥墩，根据河中水面的宽度，一般要搭三至四个墩。将较粗的竹子破开捶扁，编织成直径一米二左右、高一米五左右的竹筐，装入石头放在河中，两个筐并排成一墩，可在河中放三排六个筐形成三个桥墩。墩上搭厚木板，或搭原木，上面再铺木板，两边用竹棒围成桥栏。只需两三天，桥就能搭好。每年搭桥用的厚木板和原木，都要回收保存，到来年冬季搭桥又用。

擦耳岩上的临时竹木桥，过人、过车、过牛马都不成问题。

二、我推车过擦耳岩竹木桥

1975 年底，我在农村当了生产队长，公社分配给我一张自行车票（当时经常在全公社范围内开现场会等，生产队长没有"专车"，是很难准时到会的，因此公社得配车），但只给你配车票，车还得自己拿钱去买的。一辆车百来元，那时我们哪有钱买？卖肥猪都要两头才够。那时，买啥都要票，车票也不是人人都可以享受的。尽管没有钱，但想办法也得买，何况这是为生产队长的"专配"。

搜肠索肚，把家里所有东西都看了几遍，也没有什么可以卖钱凑得够买车的。最后想到了"上会"，就是找勤俭节约的六家人，每家每年凑六十斤大米，一年凑给一家，共六年完成，这就叫"上会"。我家主持，说清楚第一年凑给我家，以下五年捻纸坨坨（抓阄），大家同意了。于是，当年大家为我家凑了三百斤米。

一大早，我用鸡公车推了三百多斤米，我母亲用一根绳子套在车头帮助拉车，还带了秤盘等。走擦耳岩过河，去崇州江源镇卖米。

那时，私自卖米属于"投机倒把"，是要被抓的。擦耳岩街上，自然是不能去卖的，认识的人太多。彭镇也不敢去，彭镇一直都管得严（我到重庆读书时，头一年放暑假回家后返校，丢失了买火车票的九元钱，于是把学校发的暑假粮票拿到彭镇去卖，结果我和我的朋友李发根被抓到了"市场管理委员会"，搜了我们两人的身，只有30斤粮票，我说明了卖粮票的原因，给管理员看了我的学生证后，才被放了出来）。于是想到，只有去河西崇州那边的江源镇了。

推鸡公车时，擦耳岩金马河河坝最难走。先是下擦耳岩河坎，上竹木桥，鸡公车是钢圈独轮，碾在木板上，使劲推，不会滑。虽有点斜坡，但有母亲在前拉，还算带劲，只是两脚要岔开，稳稳地踏在桥的两边木板上，双手握住车把，使劲往前推就是。下桥后过河滩，是很费劲的，河滩上全是石头，车轮碾上去，最容易打滑，把握不稳，就容易翻车。我双手紧紧握住车把，车在石头上不断颠簸，整车都在"腾腾腾"地抖动，这抖动经由紧握车把的手臂和搭在肩上的推车肩带传遍全身，脑壳都抖痛了。在擦耳岩河坝推鸡公车的感觉，这辈子都难忘。

过了河，到江源镇，还有三四里路。

这天是江源逢场，把车推到米糠市，用事先准备的小麻袋，分一部分装上，摆在市场上几斤几斤地分着卖，因为卖得多，价格就不能卖高了，比市场上其他人卖得低点，用今天的话说，叫低价推销。还算好，还没有到下场的时候，米就卖完了。

回家后的第二天，我就到双流，凭票买了我人生的第一大件——"飞鸽"牌自行车。

三、杜甫观搭桥当是在擦耳岩

唐朝时杜甫在成都待了四年,写了许多诗,其中有三首是在皂江观搭竹桥时写的。

皂江是金马河早期的名字,《成都历史文化大辞典》记载,金马河古称郫江,又名皂里江、正南江,自都江堰鱼嘴被分为内江和外江。外江向南流经灌县(都江堰)、崇庆(崇州市)、温江、双流,至新津武阳镇段称金马河,全长74公里。金马河的名称,见诸《蜀水考》:"流汶二江之源,其正派曰金马河。"又说:"江水东南流至温江县西为金马河,即皂江正流也。"

杜甫在蜀时,曾在皂江边观造竹桥,留下三首诗,即《陪李七司马皂江上观造竹桥,即日成,往来之人免冬寒入水,聊题短作,简李公二首》与《李司马桥了承高使君自成都回》。诗中的"高使君",为唐代大诗人高适,时任蜀州(今崇州市)刺史。"高使君自成都回",说的就是高适从成都回崇州,若按常规走近路的话,他当走擦耳岩回崇州,因擦耳岩是成都与崇州间最近的河口。诗中还说桥三日即可搭成,说的也应该是擦耳岩竹木桥。

以上都说明,杜甫皂江观搭竹桥,当是在擦耳岩。

第六章
擦耳岩河堤

本章提要：长 81 千米的金马河，两岸宽阔，最宽处有 1200 米，平均宽 500 多米，但最窄处只有 293 米，就在擦耳岩河口处，这里有一道长长高耸的神秘河堤，有金马河美丽的风景。

一、金马河最窄河道

都江堰旅游区大门的旅游宣传厅里，有一幅都江堰管理局的地图（如图 6-1 所示），图中可见金马河双流段的标注，除标注有金桥镇外，还特别标注出了擦耳岩。一个地点，标注了两个名字，这是为什么？

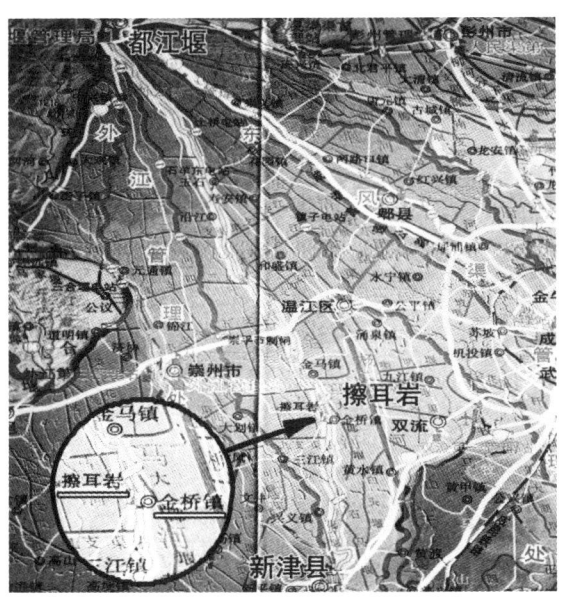

图 6-1 都江堰管理局地图

其实，标注金桥镇，是指这里的行政管辖地，而标注擦耳岩，则是指金马河上的一处特殊河段，这就是金马河上最窄的一段河道。

谭徐明《都江堰史》记载金马河最窄处擦耳岩为520米，最宽处为1200米。《双流县志》记载擦耳岩河宽293米，双流境内金马河平均宽为525米，最宽为717米。谭徐明大概是把擦耳岩最窄处记为双流境内金马河的平均宽度了。

民国版的《双流县志》有一张民国九年（1920）绘制的"双流全县地形图"（如图6-2所示），清晰地展现了金马河擦耳岩段的河道情况。

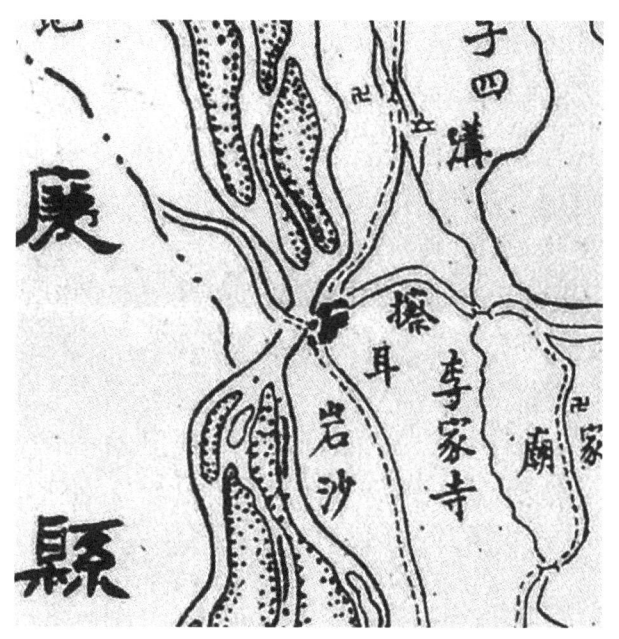

图6-2　"双流全县地形图"擦耳岩河段放大图

从图中可见，宽阔的金马河，被擦耳"岩"河堤挡住，形成一条窄窄的河道，顺擦耳"岩"河堤，向西拐弯流去。图中可见，金马河上下游有着宽阔的河滩沙洲，此处的金马河，就如同被一双神奇的手，紧紧地捏住了喉咙，捏得金马河整体变形错位。宽阔的金马河道，成了窄窄斜斜的一条神秘河道风景。

金马河为什么在这里出现了大错位，出现了一条窄窄的河道，没有谁能够解释。整条金马河81公里，平均宽度500～700米，而这里不足300米，出现了一个神秘的河道拐弯节点，也许，这就是都江堰管理局地图要特别标注擦耳岩的原因吧。

二、神秘的擦耳之岩

我省温江作家邹廷清,出生在温江金马河畔,他以岷江金马河为背景,写了部长篇小说《金马河》,小说中有一段对擦耳岩的描写:

> 在离双流县城不到十里的地方,有一个小小集镇,名曰擦耳崖。那地方可悬了,右是波涛汹涌的大河,左是高耸入云的大山,一条只能容一人侧身而过的路凿在临河的绝壁之上,人若要过去必须得让崖壁擦着半边耳朵,不然的话,就会掉进大河里喂随时等在那里的上百斤重的大鱼。

被作家被描述得神乎其神的擦耳岩,究竟是什么样呢?

其实,擦耳岩并没有山,更谈不上高耸入云。但有一条流水湍急的大江,江边是陡峭的河坎。擦耳岩是指这里的街镇,擦耳之岩才是指江边的河堤。

其实,擦耳岩之所以神奇,不是因为它陡峭,而是因为它的"霸道"。擦耳岩河堤在岷江金马河面前"横刀立马",挡住了直冲而来的汹涌河水,逼金马河在此向西拐弯,逼窄了金马河道,使金马河在此发生了大错位。

到擦耳岩上,仔细观察其地质后,你会感到惊奇,擦耳之岩,不过是一堆泥土包,并不是花岗岩等坚硬磐石,长期受到金马河水的冲击,却没有被冲毁坍塌。俗话说,滴水穿石,说的就是长期受到水滴的冲击,石头都能滴穿,就是山边岩石,长期受到河水的冲击冲刷,也要被冲垮,何况是一堆长期受到金马河主流冲击的泥土。然而,擦耳岩这堆泥土,就是挡住了金马河的冲击,反而逼金马河拐弯了。偌大一条岷江,发洪水时摧枯拉朽,冲毁一切,却冲不毁擦耳之岩一堆土河坎,相反还被逼拐了个弯。

有史以来,听说擦耳岩街被淹过,但从未听说擦耳之岩被冲垮冲毁过。

擦耳岩的神秘神奇,还使这里出现了两大奇迹,一是古渡,二是廊桥。

据《双流县志》(民国版)记载,擦耳岩街上,原来有座古庙:

> 治西二十里擦耳崖场中,旧有古庙基址,纵目盈亩。宣统时,乡

正吴丹阳请设团务分局于此,募建正厅三间,及局门左右铺三间。①

擦耳岩上游约千米处,还有座古庙叫金马庙,据说庙里供的是一匹金马。有传说,那匹金马是一条龙变的,原是龙王最小的儿子,后因小龙儿变成了金马,又有金马救人的故事传说,为纪念金马救人的功德,人们为金马修了庙,而岷江金马河之水是来拜小龙王的,怎敢直冲龙王庙。

从金马河上游往擦耳之岩看,那河堤上,呈现出一条卧睡的巨龙(如图6-3所示)。那河堤上的两棵大树,犹如龙头上的犄角,那蜿蜒的龙身,那带风的龙爪,活灵活现,栩栩如生。那卧榻之龙,似乎是聚天地之灵气,挟江河之神威,透着一股镇河妖踏恶浪之气概。威严之下,滚滚而来的河中涌浪,一个个似虔诚的信徒,依次叩拜于龙王卧榻之下,拜毕,侧身而去。拜之虔诚,去之轻轻。

不得不让人感叹,擦耳岩这块宝地,之所以不被冲毁,不受侵害,就仿佛受了这神龙的护佑,护佑着这块土地上的人们,无灾无害,福流万代。

能感悟到擦耳岩上的金马神龙,欣赏这里独特神奇的美景奇观,一定福星高照,幸福美满。

这正是:岷江激流谁挡道?岸上卧睡龙一条。留下千古待解谜,擦耳之岩观奇妙。

图6-3 神秘的擦耳岩上卧龙风景

---

① 双流县旧志丛书整理委员会:《双流县志》(民国版),中国文史出版社,2014年版,第47页。

第二篇
擦耳岩历史文化

擦耳岩的早期住民应为东汉末年的东州民,"擦耳岩"的得名众说纷纭。历史上,这里水灾频繁,岁修必不可少。彭镇是川西坝子上的重镇,擦耳岩现归彭镇管辖。常璩、王勃、杜甫、陆游记史作诗,刘沅、乔树楠、乔大壮等名人安息于此。

第七章
擦耳岩早期住民

本章提要：成都博物馆收藏了两件在擦耳公社出土的文物，据东晋常璩《华阳国志》记载，"四曰涉头津，刘璋时，召东州民居此"，由此揭开了东汉末年流入四川的一批流民被益州牧刘璋安居在成都及其擦耳岩两地的历史。

一、成都博物馆中的擦耳岩出土文物

2016年，成都博物馆新馆建成开放不久，我参观博物馆，发现有两件擦耳岩出土的文物。但这两件文物对擦耳岩意味着什么，我一点都不知道，事后竟给忘记了。三年后，在研究擦耳岩历史时突然想起了这事，竟把两件文物记成是在双流区文物管理所展出的，于是打电话请双流区文物管理所的李国考古专家帮我查看。李国专家回话说没有擦耳岩出土的文物。这让我愣了一会儿，才回想起是在成都博物馆看到的。

2019年12月13日，我去了成都博物馆，又见到了这两件在双流擦耳岩出土的文物。

图 7-1 双流擦耳岩出土的铜壶

图 7-2 双流擦耳岩出土的铜染具

铜壶（如图 7-1 所示）为圆形双耳吊环状，底部直径约 24cm，中部最大直径约 40cm，上部口直径约 16cm，高约 46cm。

铜染具（如图 7-2 所示）上部为长方圆角盘，长约 16cm，宽约 10cm，两边有耳，耳宽约 2cm，长约 10cm；下为 4 柱顶高堂炉，炉高约 15cm；内堂炉宽约 10cm，深约 5cm；底部柱高约 3cm。

两件文物在成都冶铜冶铁栏展示，已被成都博物馆考证认定为成都地区冶铜时代（汉代）的产品。

2020 年 8 月 23 日，双流区文史专家们参加了拙著《认识金马河》的新书发布会。谈到这两件文物时，王泽枋专家说，这两件文物，是在改革开放初期的 1982 年，擦耳岩的文昌宫高地（墓地）开窑烧砖，挖出来的（1980 年以前是不允许开窑烧砖的），后被成当废铜烂铁卖到彭镇废品收购站，收购站打电话告诉了文管部门，结果，成都市文物管理局来人收走了，还去文昌宫现场察看了一番，当时王老师还陪成都文物管理局的人到现场考察了的。

二、两件出土铜器带来的信息

两件文物，为什么在双流擦耳岩出现？我们已经无从知晓文物出土时的情况，只能从这两件文物本身的情况来进行分析。

从铜壶的制作工艺上可以看出，显然是作为摆设品来制作的，且制作工艺精细，极具装饰性。因铜壶没有出水口，且壶口呈倒钩状，说明铜壶不是用来盛液体的（如图 7-3 所示）；且壶口较大，单手能伸进放物取物，说明此壶可能是用来盛放小物件的。从壶口为内斜口的状态来看，壶口上原应有盖，但遗憾的是现在已遗失。

看得出，铜壶的摆设装饰作用显然大于盛装作用，且一般是成双成对的，也就是说，这是高官贵族大户人家的客厅装饰品。图 7-1 中，左侧陈列的同为摆设壶的铜方壶,就为双壶,而右边擦耳岩出土的铜壶则为单只壶。

图7-3 呈倒钩状的壶口　　　　图7-4 成都百花潭中学出土的铜壶

另一件铜染具,工艺显然较粗糙。上盘下凹,盘中盛液体,两边带耳,说明可端行;盘下为一炉堂,可放木炭等燃烧,以加热上盘液体,说明这是一种加工制作他物的用具。可见,这是手艺人家使用的工具。成都博物馆标注为"铜染具",具体是染何物的"染具",不得而知。

从上述分析来看,两件铜器的用途不同,存放的空间不同,使用的主人也不同。因此不大可能同属于一家主人(但不排除属于开有工坊的大家族,即一件为客厅装饰品,另一件为家族工坊用品)。

《文物为成都作证》第89页有幅铜壶图(如图7-4所示),该铜壶是1965年成都修百花潭中学时出土的。成都历史文化悠久,出土这样的文物是正常的。

但两件文物,怎么就出现在离成都城区50里远的双流擦耳岩呢?

经笔者分析,有三种可能:一是买来的,二是偷来的,三是抢来的。

若是买来的,那么,一定是擦耳岩有钱有势的官宦大户人家,才买得起买得来,且要成双成对地买。但擦耳岩方圆几十里,上下两千年,历史上没有记载说这里有官宦或大户人家,就算家族中道衰落,也不至于仅此两件家什宝贝吧。因此,买来的可能性极小。

若是偷来的,铜壶是官宦大户人家的宝贝物件,铜染具是工坊用品,都是人家天天眼皮底下看得着的物件,能偷得走吗?就算是偷走了,那也得赶紧出手卖钱,留在家里就是祸,若被发现,那可不得了。因此,偷来的可能性不大。

如此看来，抢来的可能性较大。那么，这两件文物是怎样抢来的呢？

三、东汉末年流民入蜀

根据《华阳国志》记载："四曰涉头津，刘璋时，召东州民居此，改曰东州头。"经笔者考察研究，涉头津就是双流擦耳岩渡（相关内容请参见拙著《认识金马河》第二章）。

东汉末年，因天灾和战乱，从南阳、三辅等地为避战乱逃荒入蜀的流民，达数万家十几万人，称为东州民。而皇室宗亲刘焉为避中原之祸，放弃朝廷高位主动要求来偏远的益州当州牧。但益州当地地方势力非常强大，刘焉势单力薄，无法驾驭当地的土豪士族。为弹压益州地方势力，刘焉就利用入蜀东州流民"寻求生存空间"的迫切愿望，收编招募流入益州的南阳、三辅等流民，组建了数万名"东州兵"。

流民东州兵都知道，要想获得生存空间，唯有依靠刘焉，拼命战斗，因此，东州兵在每次战斗中，都十分英勇顽强，取得了节节胜利。

刘焉借助东州兵，很快压制了益州的本土派，在益州站稳了脚跟，成为益州的土皇帝。东州兵由此成为刘焉、刘璋的功臣。为了奖赏东州兵，安置东州民，刘璋自然得尊重东州民的选择。于是，一部分东州民选择安置在了成都，另一部分则选择安置在了岷江金马河边的涉头津①，即今日之擦耳岩。那么，为什么一部分东州民选择安置在涉头津擦耳岩呢？

四、东州民安居擦耳岩的根本原因

东州民之所以安居于涉头津擦耳岩，主要有以下原因：

将东州人安置在涉头津，客观原因是这里离成都近，一旦有事，东州人小半天就能汇集。

其主观原因是当时的社会背景决定的：其一，当时社会的主要矛盾是豪强地主势力与政权统治者的矛盾，益州统治者刘璋虽然靠东州人保住了政权，但还要依靠东州人继续维护政权，巩固政权，要随时召集起来战斗，所以东州人不能分散太远；其二，东州人也要保护自己，保护自己的生存空间，维护自身

---

① 参见刘华：《论东州流民与刘焉刘璋的关系》，《昭通师范高等专科学校学报》，2007年第1期。

的既得利益，所以不能分散太远；其三，根据战争策略的需要，分两地安居，可防止住在一起被人包围一锅端消灭，分两地形成掎角之势，有利于战略战术，但也不能分开得太远，以免被人分头消灭。

而根本原因是，涉头津紧依古岷江金马河，修都江堰内江分水后，金马河两岸出现大片干涸的沙洲地，经三四百年腐质沉积后，成了大片无人耕种的肥沃土地，且这里是成都去往崇州、大邑、邛崃等地的古道要津，是古代的邮传道、商贸大道、南方丝绸之路，物资交流方便。这里是东州流民非常理想的生存空间。

为了永远占有这片土地，表明自己是这里的主人，东州民特地将"涉头津"改名为"东州头"。《华阳国志》中"四曰涉头津，刘璋时，召东州民居此，改曰东州头"的记载，说明这事的真实性。常璩是东晋著名史学家，崇州小亭乡人，他的家乡就在涉头津下游西岸的崇州三江镇。因此，常璩对这一带是非常熟悉的，他的记载是真实可信的。

由此可知，擦耳岩的早期住民，就是当年流入四川的东州民，比刘备、诸葛亮还要早一步入蜀。

第八章
擦耳岩街镇由来

本章提要：擦耳岩依傍在岷江金马河边，建在古岷江东岸的河道里，因地处川西坝子中心腹部，为古道要津，是方圆百十里闻名的古渡镇，擦耳岩之名来自清朝一位赫赫有名的武官杨遇春。

一、建在岷江古河道东的擦耳岩

擦耳岩街道斜斜地由东向西，整个街镇都建在岷江古河道里。

《双流县志》（1911—1985）中有"金马河新旧貌带状图"，图中显示，擦耳岩街镇，就建在岷江古河道中（如图8-1所示）。

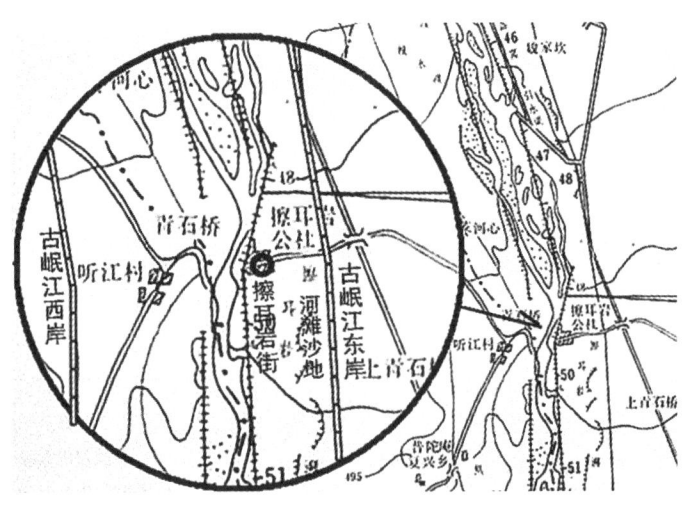

图8-1 擦耳岩街镇位置图

从金马河上游往下看，擦耳岩街镇正处于金马河河道中间。由于擦耳岩上加高了河堤，将河水向西别去，湍急的河水从擦耳岩街头飞奔而过。擦耳岩的东边，现在金桥镇的金红路，就是古岷江东岸边，即金马河东岸边。图中擦耳岩东边标注带弯状的"自然湃缺口"即为河岸边。

从都江堰到新津的金马河，中间就只有擦耳岩街镇紧靠在金马河边，而擦耳岩老街及当今的金桥镇街，地形都是斜斜地倾向河边。地面下层是河沙，原是沙洲地，这里原种植的都是沙地植物花生等。小时候，我们还在这些沙地里刨捡花生等。后来，擦耳岩扩展街道，成为金桥镇，这里的沙洲地，都建成了街道。因此说，现在的金桥镇金红路至金马河边的街道，都是建在古岷江河道里的。

二、擦耳岩街镇的由来

这里所说的擦耳岩，是指擦耳岩街镇。擦耳岩是怎么来的，有多长的历史，擦耳岩人说不清楚，历史记载也让人迷茫。

据《四川省双流县地名录》记载："清雍正八年（1730）为双流县永丰乡。民国初年为西五团，民国二十三年设保甲制置擦耳乡。解放初仍为擦耳乡，1953年将柑梓乡的18、19、20等村划入，1958年与彭镇、柑梓、红石等乡合并成立东风人民公社（公社驻彭家场）三管区。1959年废东风人民公社与红石合并成立擦耳公社。1960年分置擦耳公社，辖13个大队。"①

这是对擦耳岩乡行政管理机构来历的记载，其中也涵盖了擦耳岩的历史。但擦耳岩街镇何时所建，人们对此并不清楚。

据相关资料记载，擦耳岩为金马河要津，渡口名中渡，由于此段河床狭窄，北浅南深，南岸陡，水流急，航道紧靠南岸行驶，人耳将临河岸，故名擦耳岩。

金马河大体是由北向南流向，因此，河岸只有东西岸之分，没有南北岸之说，"北浅南深"，应是西浅东深。

《双流县志》（乾隆版）记载：津梁中，有"杨柳河上的彭家场渡，金马河上的杨公场渡，沙湾渡"，但没有擦耳岩渡（中渡）的记载。《双流县志》（乾隆版）县城图中，有出西门去崇庆州的路径标注，此路经彭镇在擦耳岩过金马河渡（如图8-2所示）。因此，金马河上除杨公渡（后名金弥渡）、沙湾渡外，还应该有双流去崇庆州的擦耳岩渡，而《双流县志》（嘉庆版）是记有"中渡"（即擦耳岩渡）的。

双流西去崇庆，过金马河有路无渡无桥，这是历史记载的遗漏。从图8-2

---

① 双流县地名领导小组：《四川省双流县地名录》，内部资料，1988年版，第63页。

中可见，擦耳岩渡（中渡）是有的，否则如何过河？因此，这里应是漏记了。南宋时，陆游在此过渡，写有《自江源过双流不宿径行之成都》的诗，首句"断筰飘飘挂渡头"，说的就是擦耳岩竹索牵挂的渡船。东晋时常璩《华阳国志》记载的涉头津，都证明这里有古渡。

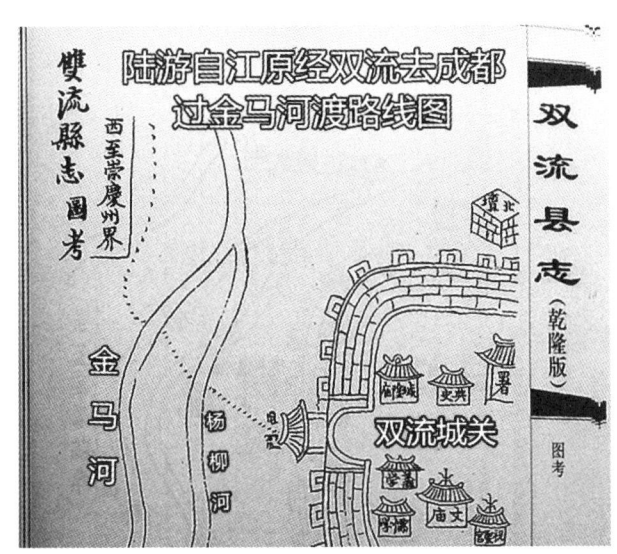

图8-2 《双流县志》（乾隆版）县城图

《双流县志》（民国版）记载："擦耳岩，在治西二十五里，与崇州连界。旧在金马江南岸，今移北岸；市房九十五间。场期三、六、十日，特产郁京子。"①"中渡治西二十五里擦耳崖，为金马江要津，即沙湾上游十里。光绪中募建西安桥，桥楼四十八间。"②"治西二十里擦耳崖场中，旧有古庙基址，纵目盈亩。宣统时，乡正吴丹阳请设团务分局于此，募建正厅三间，及局门左右铺面三间。古庙虽废已久，附此以备考核。"③

可见，清宣统前，擦耳岩已经是"场镇"了。

《双流县志》（民国版）记载"擦耳岩……旧在金马江南岸，今移北岸"，而民国时期双流受灾调查手绘图中标注的金马场却在金马河的西岸，擦耳岩则在东岸（如图8-3所示）。

---

① 双流县旧志丛书整理委员会：《双流县志》（民国版），中国文史出版社，2014年版，第18页。
② 双流县旧志丛书整理委员会：《双流县志》（民国版），中国文史出版社，2014年版，第26页。
③ 双流县旧志丛书整理委员会：《双流县志》（民国版），中国文史出版社，2014年版，第47页。

金马河只有东西岸，没有南北岸，县志中显然是记错方向了。

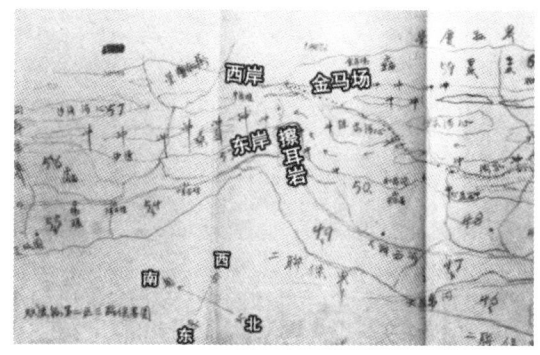

图8-3 双流民国二十五年（1936）水灾手绘调查图

图8-4 《四川历代方志集成》中的图示

《四川历代方志集成》中有图示（如图8-4所示），图中标注的金马场是在金马河下游东岸，黄水河西。擦耳岩是由此上移而来的吗？

金马场在金马河下游东岸黄水河西边，还是上图擦耳岩对岸的西岸？这是历史留给擦耳岩的又一个谜。根据历史记载，图8-4中的"金马场"应是杨公场位置。

《四川历代方志集成》中记载："治西永丰乡场集：彭家场，治西十里；红石桥，治西南十五里；金马场，治西二十五里；柑树桥，治西北二十五里。"①

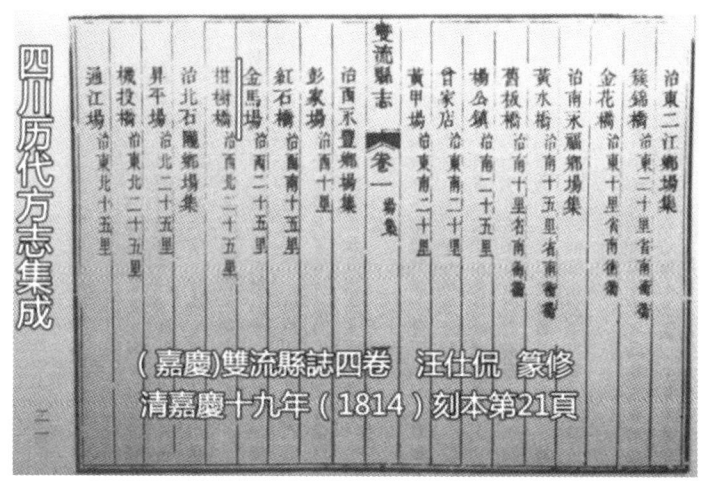

图8-5 《四川历代方志集成》中的记载

---

① 四川省地方志编纂委员会：《四川历代方志集成》（第二辑·7），国家图书出版社，2015年版，第21页。

由此可将擦耳岩街镇的历史由来总结如下：

第一，擦耳岩千年古渡的存在，是擦耳岩街镇由来的基础，旧有的古庙基址、清代金马河边的西安关公庙就是证据。

第二，这里的金马场是指手绘图上的金马场，不是金马河下游东岸黄水河西的金马场。

第三，金马场从西岸"移"过来前，东岸已是擦耳崖场，金马场"移"过来使擦耳崖扩大成后来的擦耳岩了。

第四，不管是金马场还是擦耳崖，都在金马河上擦耳岩渡的西东两岸，都是为古渡口服务的街镇。古渡的存在，派生出了擦耳岩街镇。清末建起廊桥时，擦耳岩街镇规模达到高峰，1933年叠溪地震，洪水冲淹擦耳岩，擦耳岩一分为三，一部分搬到了李家寺，一部分搬到了河西对岸的听江村，擦耳岩留下三分之一，后记载擦耳岩街镇有市房九十五间。

三、因古道要津起镇

因擦耳岩地处川西坝子中部，是成都去往崇州大邑邛崃的古道，也是上游汶川茂县顺江而下去新津眉山乐山的中途歇脚街镇。因此，擦耳岩是一江一路交汇而伴生的。

图8-6 双流擦耳岩，一江一路交汇的古渡镇

岷江金马河，曾经是一条水上货运通道。《双流县交通志》记载：

  金马河早年通航，又是历来的排洪河道，水流陡急，航业早衰。抗日战争时期得以复苏，阿坝地区之羊毛、药材等山货由此航运新津、彭山、乐山，民国三十年（1941年）前后航行此河船舶最盛时达八九十只，均为载重10余吨之灌县型木船（以其适应此河之梭子形船底而得名），前梢后橹，一只船通常用工9人，且多为灌县徐渡和温江河坝场船主，双流县仅有蒲双发等几人合伙的1只航行其间。由于滩多水急，河道无人管理疏浚，遇有滩阻，常需自行淘滩通过，因而上行船都是拉空，枯水最大过载两三吨。抗战胜利后，货源短缺，航业衰落，临近解放时航船仅约10只左右。擦耳岩因是中途码头，往来船工往往在此休憩，至1953年废航。①

可见，擦耳岩是河运中途休息的场镇，船工们就此上岸喝水吃饭小憩。擦耳岩的饭店、茶铺、客栈，都是船工们的休息处。

擦耳岩是个很热闹的场镇。最热闹的天是逢场天，每到逢场，街上就拥挤不堪。最拥挤的是河边渡口上下渡船时，船一到岸，下船的要挤下船，上船的要使劲挤才能上得了船，不挤一两个人落水，就不算是逢场天。每到逢场，船码头就是最热闹的地方。

四、因杨遇春取名擦耳岩

在成都平原上，竟有名为"岩"的地方，也是够新奇够有创意的了，何况距成都天府广场只有25千米。

经查，关于"擦耳岩"得名由来的说法颇多，有记载的就有两种。

一种说，清朝时，崇州出了个赫赫有名的武官叫杨遇春，他在甘陕当总督，有一年回崇州祭祖，路过这里时，因下马不慎，摔下了河坎，跌落了乌纱帽，擦破了耳朵，于是就把这里称为"擦耳岩"。张伯龄的《杨遇春简论》记载说："四川的地名留下了对杨遇春的纪念，如双流县西边金马河东岸的擦耳岩，其得名就源于杨遇春。"

另一种是说，金马河通航（主要是抗日战争时期）时，河水主流总是顺着陡峭的擦耳之岩边急流，船到这里，总有撞头擦耳之危，于是船老大们把这里称为"擦耳岩"。《双流县志》记载："因金马河中渡河岸在此陡直，船行有擦耳之危，故名。"

民间传说就多了，有的说，某某人在这里躲过一场灾难，事后他成就了事业，当了皇帝，于是把这里叫了"擦耳岩"；还有的说，这里的棒老二多，从这里路过的人都要被扇耳光遭抢劫，于是叫这里为"擦耳岩"，其意是，来这

---

① 双流县交通局编纂办公室：《双流县交通志》，内部资料，1988年版，第158页。

里要"挨扇耳光遭抢劫"。

民间传说没有证据,还是看有记载的吧。

史料记载,擦耳岩最早的名字叫虾津,后因上有温江的三渡水、下有新津渡,这里的渡口恰恰位居其中,所以又被称为中渡。《双流县志》(嘉庆版)记载为金马场。清雍正八年(1730)为双流县永丰乡管辖(彭镇为永丰场),民国初年为西五团,民国二十二年(1933)为二区三联(彭镇为二区,擦耳岩属彭镇管辖),民国二十三年(1934)设保甲制为擦耳乡,新中国成立之初仍为擦耳乡,1959年至1982年为擦耳公社,1982年至1994年恢复为擦耳乡,1994年至2019年改名为金桥镇,2020年与彭镇合并。

经查,最早记载"擦耳岩"的文章是清代的《蜀燹死事者略传》[①],其中有:"何知县:蓝逆扰蜀,庚申春(1860),贼由叙扰邛;夏六月,贼窜扰崇庆分州;九月,贼复上窜,由双邑擦耳岩渡江,沿途焚掠。"

据《双流县志》(民国版)记载,中渡治西二十五里擦耳崖,为金马江要津。可见,擦耳岩曾用名"擦耳崖"。《双流县志》(嘉庆版):"中渡:治西二十五里擦耳崖,为金马江要津,即沙湾上游十里。"嘉庆年间为1796—1820年,可知,擦耳岩在1820年前就以"擦耳崖"之名存在了,其渡名为"中渡"。

擦耳岩是不是有山崖,不得而知。但从"双流擦耳岩西安大桥"的照片上看,擦耳岩似乎真的有"山崖"(如图8-7所示)。

图8-7 擦耳岩廊桥头,紧挨着类似山崖的山包

---

① 清朝余澜阁先生所撰《蜀燹述略》一书,附以骆文忠公事略及奏疏,命之曰《蜀燹死事者略传》,志在表彰死难诸人。

尽管"擦耳岩"改名为"金桥镇",如今又与彭镇合并,但方圆百十里的老人们还是叫这里"擦耳岩"。

第九章
擦耳岩水灾与岁修

本章提要：擦耳岩紧依着金马河，其街镇就处于原古岷江河道中，因此受水灾是少不了的。每年金马河都需修筑堤防，擦耳岩也就成了岁修之都。我参加过多次岁修，留下了终生难忘的记忆。

一、叠溪地震水灾

（一）金马河年年涨水

《双流县志》记载：

> 每年6~9月间，全县河流若遇上游涨水，加上区间暴雨，引发山洪，就会成洪灾，金马河、府河发生次数最多。①

民国六年（1917），"双流6月大雨，邑西金马河暴涨，冲毁沿边居民田禾无算"[《双流县志》（民国版）]。

民国二十年（1931），"金马河沿岸的擦耳乡、红石、杨公三处，河水陡涨，擦耳岩水位达20画（1画＝10厘米）"（双流县气象资料）。

民国二十二年（1933）叠溪地震引发洪水，擦耳岩受灾（详见下文）。

民国二十三年（1934），"灌县、温江、什、郫县、崇庆、广汉、金堂、双流、新津等处，7月雨兼旬，山洪暴发，沿河各县成泽国"（《四川省近五百年

---

① 四川省双流县志编纂委员会：《双流县志》，四川人民出版社，1992年版，第106~107页。

旱涝史料》)。

民国二十四年（1935），"七、八两月，金马河迭涨，水势泛滥，宽五、六里，窄亦二、三里，冲打田成泽国，房舍漂没，被淹面积田 0.272 平方公里，地 0.58 平方公里，灾民 5064 人，死亡男 2 女 4"（双流县档案资料）。

民国二十五年（1936），"7 月至 8 月，擦耳三次大水，冲毁田地 4100 余亩，房 192 间，灾民 3800 余人"（双流县档案资料）。

民国二十六年（1937），"7 月 19 日大雨，双流天星渡、魏家坎等处，沿途马路低处被水没达两天。8 月洪灾，金马河、杨柳河水势猛涨，巨浪滔天，将沿河已熟禾稼冲毁 2000 余亩，旱地药材、粮食等 100 余亩"（双流县档案资料）。

新中国成立后，为了保证成都平原不被洪水淹，封闭了羊马、江安、杨柳等河口，造成金马河年年涨洪水。据《双流县志》记载：

> 解放后，为了最大限度地减轻内江洪水对成都平原的威胁，封闭了羊马、江安、杨柳等河口，金马河成为主要排泄岷江洪水的河道。岷江上游集雨面积达 23037 平方千米，故其汛期长、洪峰高、危害大。①

（二）擦耳岩受叠溪洪水之灾

1933 年 8 月 25 日下午，四川叠溪发生 7.5 级大地震，强烈的地震引起岷江两岸大规模山崩，堵塞河道，形成堰塞湖，10 月 9 日，堰塞湖溃决，10 月 10 日，洪峰到达都江堰，冲进金马河，擦耳岩被淹。

据双流区档案局原副局长、文史专家熊德成提供的一份"民国二十二年度四川省双流县灾害损失报告表"上记载："民国二十二年八月叠溪洪水暴发，下游金马河于午后入双流境，河身冲宽者达五六里，窄者一二里，水流四处泛滥流行，支流百出无所归总，被灾面积，田 0.172 平方公里，地 0.58 平方公里；灾民户数 824 户，灾民人数 5064 人；因灾死亡人数 6 人（男 2 女 4）；财产损失，不动产 25000 元，动产 6000 元；待赈人数 5064 人。"表中统计的只是当时看得见的损失状况，不包括土地、庄稼及今后水害等潜在的损失。

---

① 四川省双流县志编纂委员会：《双流县志》，四川人民出版社，1992 年版，第 245 页。

图9-1 被洪水围困，等待救援的人/双流区档案馆供图

据擦耳岩老人、双流资深文史专家王泽枋回忆，当时擦耳岩街水深齐腰，街上走船，洪峰冲毁了河边的"西安会馆"。擦耳岩解放后的大学生覃宗良老师在他的回忆录《往事如烟》中说，从前正街的背后，面朝金马河有座庙宇，原名"西安会馆"，庙里有十多尊菩萨，1933年被特大洪水吞去了一大半，小菩萨被抢救出来了，更多的大菩萨就搬不动搬不走了。

叠溪地震洪水后，金马河河道被堵塞，没有及时疏浚，此后的几年，每逢雨季，金马河擦耳岩两岸被淹得更宽。从双流档案馆保管的几份档案记录中可以看到当时的水灾情况。

第一份，余县长在给四川振务会的民国二十四年（1935）灾情报告中写道："县二十二年叠溪洪水暴发，下游金马河未能容纳，流行泛滥，冲毁成灾，经此洪波，河床增高，每到夏伏大水时间，沿河田地，概成汪洋，至二十四年七八两月，金马河洪水迭涨，较前两年尤甚，沿江田地，被水冲打，尽成泽国，芦舍为墟，禾豆无存，频江住户被灾较钜……"

第二份，县政府第二科办事员张云九、第二区第三联保主任吴少阳在民国二十五年（1936）6月9日给余县长的第三联保灾情呈文中说："自二十二年叠溪积溃，奔流冲刷，为近数十年来罕见，冲没田地，人畜庐墓几难胜计，经此之后河床增高，洪难顺轨，水势之玄，泛滥冲刷，每到夏秋，无论高低田，概成汪洋，茫茫泽国，宽达五六里之多，灾民茅屋尚有仅遗残柱者，有无四壁者，有垅壁而脱落一半者，其沿江受灾苦情已概见，计重灾者有320户，轻灾亦达330家……"

第三份，四川省政府民政视察员王国幡和双流县县长沈功甫在民国二十五年9月27日给省府呈报的双流受灾情况中说："今夏以来，山洪暴发，又加霪雨垂旬，因此酿成巨灾，总计冲去田地3275.4亩，被淹无收田地1185.9亩，冲去房舍192间，被灾户数共计1219家，其中灾情较重五分以上者468家，灾情较轻五分以下者751家……灾民数千风餐露宿，饥寒交加，情形凄惨，嗷嗷待哺，请求快速赈济。"

第四份，县政府第三科科长熊倍卿在民国二十五年8月6日到擦耳金马河西灾区作了详查，他在报告中说："大雨连日，河水即涨于八月一日晨，岷江上游之水，骤涨丈余，竟将东岸水田、古坟、冲刷新漕一道，横宽约数十丈，正流改入新漕，黑浪滔天，较之叠溪震灾为巨，街市成为泽国，一片汪洋，船由街市而达里许之李家寺高堦。再由东岸沿岸勘视，冲刷新漕，水横流约四十余丈，沿岸冲毁田亩数千亩，全成沙滩，已被沙畏之田，约七八百亩，家屋全冲毁者数十间，河心居民数百户，房屋多被冲毁，所种药材、花生、苎麻、包谷，尽被淹毁，被灾面积计约二千亩，灾情尤比河东为甚。"

档案中还留下当时他组织绘制的"双流县第二区三联保略图"和"双流县第二区第三四五联保水灾损失详图"，对当时洪水所经路线描绘得清清楚楚，看图上，真是一片汪洋，触目惊心（如图9-2、9-3所示）。

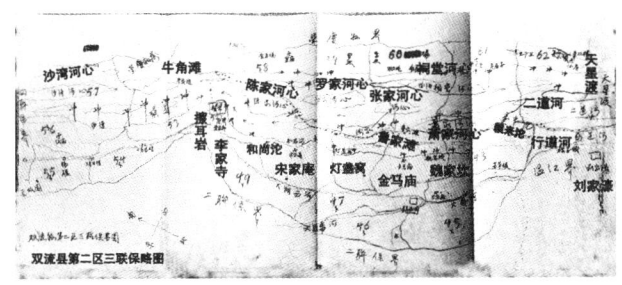

图9-2 双流县第二区三联保略图

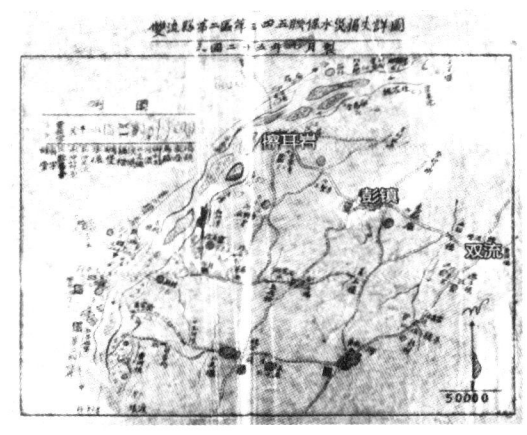

图9-3 双流县第二区第三四五联保水灾损失详图

据伍兴德老人回忆，叠溪洪水中，擦耳岩的原街道河中靠西的街被冲毁，为了安置受灾街民，同时建了李家寺、听江村、擦耳三个场。擦耳为主场最大，可见原来的场不小。

（三）金马河洪水漂木

1964年7月21至22日，我见到一次金马河涨大洪水，擦耳岩街被淹，街上有一两米深的水，河里还冲了"登子"（注："冲登子"即漂伐木，岷江上游每年砍伐的树木，涨水时顺水冲来，叫"冲登子"）。

听双流资深文史专家王泽枋说过，明朝时，人们在金马河上游茂汶一带的大山上，砍伐大楠木树，就是利用每年涨洪水，把楠木顺水冲出长江，再转运到北京修紫禁城。

20世纪60年代，上游还在砍伐树木，还在利用涨水"冲登子"运送伐木。

这年，我亲眼看到，满河都是大木头流动。木"登子"在河浪的急流中浮浮沉沉，错落有致，像千军万马奔腾，壮观极了。

（四）飞机救灾

1964年7月21至22日涨水，洪水翻了河道，两岸淹得很宽很远，淹的时间也长。擦耳岩李家寺是高坡，好多人都站在这里看稀奇。擦耳岩下游的一、二、三大队，河对岸的十一、十二、十三大队，也全被淹了，下游红石的舟渡村也被洪水围困了。

这天中午，双流的"安尔"型双翅飞机来了。飞机在金马河上方低空飞行，飞向下游被水围在河中间的村庄，我们看到，飞机门打开了，从飞机上投下大捆大捆四方形的大包裹，听说投的是馒头，那里已经被洪水围困两三天了。擦耳岩上游的河西三个大队也投了包裹的。

图9—4 "安尔"双翅飞机救灾/双流区档案馆供图

二、擦耳岩岁修

据史料记载，金马河为岷江正流，河道宽阔，夏季涨洪水，河道冲毁严重，每年岁修。特别是民国二十二年（1933）叠溪地震造成的洪水冲毁金马河河床更加严重。新中国成立后，为了最大限度地减轻都江堰内江洪水对成都平原的威胁，又封闭了羊马、江安、杨柳等河口，金马河成为主要排泄岷江洪水的河道。因岷江上游集雨面积达 23037 平方千米，故每年汛期长、洪峰高、危害大。因此，这一时期的金马河洪水，比以往还要严重。

民国二十五年（1936）以前，金马河岁修堤防工程由双流县财政拨款安排。因经费少，所做工程也少。民国二十六年（1937）起，省府批准水费与田赋一票征收，每年由省水利局统筹统支。自此各县金马河之岁修工程，由省水利局派员会同县建设科、水利会查勘安工。工程种类一般有挖河方、拦水笼埂、护岸笼和竹笼支水等，实做工程数量太少，不能抵御洪水袭击。

新中国成立后，人民政府每年均组织农民修筑堤防，采取在河床顶冲段做竹笼护岸，辅以挖河方正流向和加高培厚河堤等工程措施，预防洪水。1950 至 1958 年共计编装竹笼 30699 条，平均每年 341 条；挖河方 270177 立方米，平均每年 3 万多立方米；填筑河堤 6186 立方米，平均每年 7 千多立方米，1954 年起还在深凼处采用沉排、木笼作护岸工程基础，对坚固工程、节省材料起了一定作用，这段时期每年平均开支经费 3 万余元（未含民工自带部分生活费和投劳折资，以下同），投工 5 万多个。但因工程简陋，仍不能抵御较大洪水袭击。

1964 年，在湃缺坎、魏家坎试搞封濠筑堤，经 1965 年洪水验可行。后以此工程重点，逐年于刘家堂、董河心、灯盏窝、肖河心、汪家渡、擦耳岩、吴祖堰、夏碥、除瓦窑等多处封濠筑堤。这些工程终于使两岸形成河堤，至 1970 年共编装竹笼 5908 条，平均每年 844 条；编装铅丝笼 2729 条，平均每年 390 条；挖填沙石方 59.81 万立方米，平均每年 85443 立方米。1964 年至 1985 年间，金马河沿河擦耳、红石、杨公 3 乡 11 个村，新筑堤埂后的河滩已还耕 1860 亩（田 920 亩，地 940 亩），建成鱼塘 400 亩，绿化 85 亩，植树 2.6 万株，建企业厂房 10 余处。

据史料记载，乾隆时期就有岁修金马河："金马河：在治西南，由温江刘家濠入县界，下注新津、彭山，合岷江。县属金马河、杨柳河、新开河皆源于岷江，而金马河水大，两岸之地，连年坍损，尝语人曰：'人望高来水望低。今东流低则决而东，东岸崩矣。西流低则决而西，西岸塌矣。皆粮地也，弃之可惜,且为累。吾为尔计:须于冬春水涸时,就河中间浅处淘深,导使中流。两岸水冲处,急作支篓以撇开水势。且下可保不再坍。更每年修淘,将渐次淤起,仍可垦种矣。'"①

民国时期,金马河岁修由县府和省府主管安排。新中国成立后,由人民政府每年组织农民岁修。特别是20世纪六七十年代,岁修达到了前所未有的规模。

每年秋收割完谷子,金马河修河就开始了。数以千计的农民汇聚在金马河上下游,擦耳岩是岁修农民工的物资供应点,也是农民工的休闲汇聚点。

每到修河时候,金马河沿河一带的农户家里,就有修河民工借住。农民工自带被子,找把谷草垫在地上,就是自己的床,统一煮大锅饭吃。

有一年,修河地点在我公社十大队的金马河东岸,也就是擦耳岩上游。我们生产队离那里近,也就三四里路,每天早上天还没有亮透,生产队长就在村里大喊:"走啦——修河的走啦——"

听到喊声,生产队参加修河的人都迅速从床上起来,穿上衣服,拿上修河用的箢箢、锄头、挑担等,匆匆出门了。我也拿上箢箢锄头,出门跟大伙一起去了。

人们之所以急匆匆,是因为要赶去吃早饭。几天后我才知道,去迟了,就没有饭吃了。修河,一天吃三顿干饭,都是体力活儿,不吃饱是干不了活儿的。

所谓岁修,就是修河,修河就是修河堤,重修被洪水冲毁的河堤,具体做法是把河道中的沙石挑到河边,堆集起来,形成河堤,其作用就是让河水被河堤拦住往河中间流。图9-5、9-6为当时的修河场景。

图9-5 农民工岁修金马河/引自《双流县水利电力志》

---

① 双流县旧志丛书整理委员会:《双流县志》(乾隆版),中国文史出版社,2014年版,第7页。

图9-6　农民工岁修金马河/双流区档案馆供图

三、岁修属无偿劳动

金马河岁修，完全是政府派工的无偿劳动。

据《双流县志》记载："20世纪，金马河岁修均为群众投劳，后改为以劳折资，由县岁修工程指挥部统筹；进入21世纪金马河双流段沿河农民免去负担投劳折资费用，全由财政负担。"①

可见，21世纪之前，农民岁修金马河是无偿劳动。

然而，农民修河劳动，还是要记工分的，这个工分要拿回生产队年终决算的。没有收入的劳动工分增加，自然拉低了每年决算的工分价格。每天一个劳动汉，出早工记2分，上午和下午，各记5分，全天从早到晚，就只有12分。每年决算，每1工分在3分钱左右。修河的工分拿回来一算，每1工分只能在3分钱以下了。

四、我参加了金马河岁修

1969年底，我小学毕业了。正好生产队组织金马河修河。于是，我父亲叫我参加了修河。这年，我十四岁。

父亲之所以叫我参加，是因为我是长子，下面还有两个弟弟和两个妹妹，父亲的体力弱，不能参加体力劳动，母亲是家庭妇女，体力更弱，连生产队的农活都不能干，何况修河是强度相当大的劳动。我父母是1962年下放回老家的工人，父亲原是四川省建筑公司的技术木工，母亲是雅安云母厂的工人。父

---

① 双流县地方志编纂委员会：《双流县志》（1986—2005），四川科学技术出版社，2011年版，第145页。

亲母亲都不会干农活。母亲在家操持家务，父亲在生产队干点诸如稻田放水等轻便的农活。我小学毕业了，身体虽然还属于"半截子娃儿"（注：指还未长大的少年），但也该出工干活儿，为家里挣工分了。

（一）累人的岁修

我第一次参加修河，自然只能用锄头往筊篼里掏装沙石，让体力好的人来挑走。

掏装沙石，要拱背弯腰，双手紧握锄把，把沙石往筊篼里钩刨。开始还好，有力气，河道面上的沙石较疏松，几钩几刨就装满一筊篼了。

但慢慢地就不轻松，钩刨完面上疏松的沙石后，下面的就很紧实，钩刨不动了。这是因为，经河水的长久浸透，沙石被牢牢地固定住了，那年代没有钢钎，没法戳撬疏松沙石。在我束手无策时，有人告诉我，先慢慢地，一点一点地刨个坑，从坑底钩刨沙石，让沙石从底层疏松垮塌。我这才慢慢地懂得了窍门，知道该怎么做了。

掏装沙石绝不是一件轻松的活儿，一天下来，才知道其辛苦。拱背弯腰，双手握住锄头，一个劲地埋头干，偷不了半点懒。因为挑沙石的人站在你后面，就等着你掏满筊篼，他挑走，不是一个人，而是好几个人等着你掏，他们像看热闹似地站在你后面，你能偷懒、敢偷懒吗？

最让人受不了的事，是锄头刮在石头上，石头又掏不起来，锄头口子就在石头表面上刮，一使劲，石头发出"嗞嗞"的尖叫声，刺耳刺心，真让人受不了！

干半天下来，就知道厉害了，腰酸背痛，躺在地上起不来，握锄头的双臂也抬不起来了，两手满是血泡，且十指弯着伸不直，连吃饭时都握不住筷子，更何况一想那"嗞嗞"的刺耳声，就真的不想再干了。

但慢慢地，腰杆酸痛习惯后又有所减轻，双手的血泡破了后成了厚实的茧巴，刺耳声也慢慢习惯了，二十天的修河，终于挺过来了。

修河掏沙石装筊篼实在太辛苦，累人，一点都偷不了懒，简直没有一点撑起腰杆歇一下的机会，不像他们挑沙石的，挑起走时压一下肩，回来时总是空着肩的，可以休息一下吧。

于是，我总是想着挑，不想再掏了。但我才十四五岁，不知道挑得起不。当休息时（上下午各休息一次，20分钟，让人们解手方便一下），我便拿起别人的扁担，试着挑了一次，脚在"打闪闪"，腰撑不起来，迈不开步，我不由自主地放下了扁担，不敢再试了。

我读初中时，每年的寒假，都参加了修河。到十七八岁时，开始与人换着掏挑，后来就一直挑了。

其实，专挑也不是轻松的活儿，新堆积的河堤，高达十米以上。每挑都是百来斤，一上午光走来走去，就让人够累的了，还要挑着百来斤沙石爬坡上坎，累得简直不可想象。腰酸背痛脚打闪，最难受的是，双肩要经历红肿、起泡、破皮、起茧的过程，没有二十多天的磨砺和三四次的经历，是过不了这一关的，不能成为一名真正的岁修人。

我年年参加岁修，有过多次经历。十八岁初中毕业后，我成了一名地道的农民，地道的岁修金马河人。

除了掏、挑沙石外，岁修金马河，还有一项顶尖技术活儿，这就是"干钉"河堤。在堆积的河堤迎水面，干钉一层大石头，所谓"干钉"，就是没有任何水泥石灰等黏合物，直接在河堤迎水面砌一层均匀的大石头，要求表面斜而平整，不得凹凸不平，石头大小均匀，直径约20厘米，每个石头六边卡紧，不能松动。要达到上述要求，首要的就是要拉线，即斜坡线和砌石面。

做这种技术活儿，挑人。这是精明手巧、善动脑子、有力气的中青年人做的活儿。

"干钉"河堤，首先要在河堤迎水面挖底脚，埋下一排枕头石，然后在枕头石的基础上慢慢"干钉"起来。对干这项技术活儿的人来说，一是要慧眼选石头，二是要低头眯眼观平面，三是干钉石时，石头要三面靠紧，并要预想到后一个石头的干钉位置。

一个生产队，能干这种技术活儿的人不多。每一次开始干这活儿时，都有水利会的人来，发现达不到要求的人，直接就叫回去了。

我反复观察，终于掌握了要点，于是被留下继续干。

干了半天下来，我才知道，这活儿也是要人流汗流血的。干钉石头，首先要抱得起这直径20厘米左右，重二三十斤的石头，要把石头从石头堆里选出来，抱到干钉砌口处来，流汗是自不必说的了。石头上全是沙，用手抱时，要抱紧，沙就成了肉与石间的磨合物，石在手中翻动，沙就擦破手掌，嵌入肉里，半天下来，没有不划破手流血的，吃饭拿筷子都困难。那时没有手套，回家后，找些破布缠在手上，第二天又继续干活儿。

图9-7　民工修好的砂石干钉埂/双流区档案馆供图

据《双流县志》记载:"1964—1985年,县境内金马河已建成……一般堤防(即砂石干钉埂)12段,长10250米。"① 竟修了十公里多长的河堤!

但是,干钉河堤,实际上是好看不中用。大水一来,水浸入堤内,沙石就往下滑,堤面上的干钉石就滑到河里去了。

图9-8　被洪水冲垮的河堤面/双流区档案馆供图

---

① 双流区地方志编纂委员会:《双流县志》(1911—1985),四川科学技术出版社,2016年版,第209页。

修金马河，不管做哪样活儿，都是高强度且累人的，比小春割麦栽秧，秋天收割谷子都累，我们已把修河视为第三季农忙了。

（二）修河有饭吃

尽管劳累，人们却还是争先恐后地参加修河，主要是因为参加修河有饭吃，而且吃三顿，而且三顿都是干饭，修一次河还可吃一次肉。

那时，每年分配到各家的粮食是不够吃的，一般农户只够三季吃，会计划会节约的，每天只吃两顿，并且稀饭加蔬菜才拉扯过一年。参加修河，不图挣工分，只图有饭吃，能打一次牙祭就行。

修河吃饭的米，哪里来的？不是国家供应的，是生产队自己准备的。

每年收割的粮食，先交足国家的，再留够生产队的，剩下的才分配给社员，这是生产队一贯的分配原则。每年粮食收成好坏，影响最大的就是社员。生产队提留，就是用于公共开支。修河吃饭的米，就是从生产队的提留粮里来的。

修河吃饭，是开集体伙食，生产队派人煮饭。在修河地点附近，找一户农民人家煮饭，自带米、油、菜、煤等，要煮早、中、晚三顿饭。

我没有想到，要想吃饱，吃饭的程序是有诀窍的。头两三天吃饭，我就没有吃饱过，吃了头碗饭，再去舀第二碗时，甄子里已经没有饭了。我一开始并不感到奇怪，认为煮的饭少了，第二顿多煮点米就是。可第二天第三天还是不够。

我就感到奇怪了，去问了煮饭的师傅："是不是米煮少了。"

煮饭师傅带我来到门口，悄悄指着竹林边两三个坐着直伸脖子的人说："他们帮你吃了。"

我一看那几个人，都是中年大劳动力，好像是吃得多了点，扬起脖子好像等着打嗝似的。但我内心很敬佩这儿位，十活儿时，他们一直都是很积极的。

煮饭师傅悄悄告诉我："头碗饭别舀满了，舀个大半碗，吃快点，赶紧去舀第二碗，第二碗舀满就够了，这是诀窍，记住。"

师傅给我指点迷津后，我才终于吃饱饭了。

饭倒是吃饱了，对菜就有了要求。一天三顿，不是冬瓜就是南瓜，要么就是牛皮菜。吃牛皮菜还好点，里面总有点豆瓣辣椒啥的，换换口味。吃冬瓜南瓜久了，败味。

不当家不知油盐贵，后来我当了生产队长，才知道能有菜吃就非常不错了。

煮饭要用的油、盐、菜、煤，每样都要买，哪有钱买？

偌大一个生产队，每家每户一样穷，没有一分钱。好在当时的双流水利会，对修河每人每天补助两毛钱，每修河一次，按20人20天算，总计80元，也就是，20人一天有4元钱。冬瓜南瓜牛皮菜，四至五分钱一斤，三顿饭的菜，还有油、盐、烧的煤，平均4元是不够的。

为了省钱，就只有少买菜，少做菜，每十人只有一小盆菜。菜自然不够吃，咋办？诀窍就是多放盐。有时就买点郫县豆瓣，菜被抢完了，就舀半碗豆瓣出来，和饭吃。

修河做的饭，是用大木甑子蒸的离水米饭，好吃，特别是新收割的谷子做的饭——香！

先烧一锅水，把水烧得快开，在冒气泡了，就把掏过的米倒入锅，搅拌几下，不让米粘锅，继续烧大火催开，待锅中开始冒热气，看米开始微裂时，即开始离米，把米舀起来，舀到盆上的筲箕里，米汤就流到盆里了。然后，把锅洗干净，把大木甑子洗刷后放到锅里，倒入冷水，淹到甑子脚一寸半即可。放入甑隔子，可先把甑子水烧开，然后再将离水米用筷子慢慢撵入甑子里，盖上甑盖子，大火烧起，一直烧到甑盖子下滴汽水，再继续烧约5分钟，甑子饭就做好了。

新收割的米煮的饭，不用吃菜，都可以吃饱，很香的！

然而饭再好吃，也不能没有菜，一天三顿，顿顿都是要有菜的。要保证修河工程的任务完成，绝不能在吃饭上坑大伙，让人有怨言。

缺钱，得想办法。炒菜的菜油不用买，生产队每年留菜籽种时都留有余地，挪用点去换菜油。每次修河，水利会将供应每人一斤盐肉，犒劳农民工修河的辛苦，但还得出6至8元每斤去买，没有钱，还得生产队想办法，暗中派人拿百来斤米去市场卖，3角钱一斤米，可卖30来元，基本解决本次修河的开销。

每次修河，生产队都是倒贴的。

（三）岁修逸事

我们擦耳公社，就在金马河边，每年修河，上下游都有大量任务。除了我们公社外，全县范围内都要调派农民工来参加岁修。此时的擦耳岩街镇，就成了岁修之都。

擦耳公社的管辖范围，包括下游的一、二、三大队，上游的九、十大队，河对岸的十一、十二、十三大队，除四、五、六、七、八共五个大队不在河边外，其余八个大队均紧挨河边，可想，每年的修河任务之重。

我们是六大队，除在九、十大队修河近，不在那里住外，其他河段修河，都在农家住，即自带被子，晚上在煮饭的农家住。

对于我们年轻人来说，除了干活儿时间劳累外，其余时间都挺开心，几个年轻人在一起，吃了饭就打打闹闹，很好耍。

吃了晚饭，累了一天的农民工们，都要出来走走，休闲放松一下。擦耳岩就成了农民工们每晚必去转悠玩耍的街镇。

农民工干活儿，上午八点开工，十二点吃午饭，下午两点开工，六点收工，每天八小时不少。修河是高强度体力劳动，一天下来，很累。大家晚上都会休息或闲逛一会儿，放松心情。

那时的擦耳岩街上，没有什么可耍可玩的，大家就打赌耍——猜猜对面过来的人是男是女。在蒙蒙黄昏街头，真看不清对面过来的是男还是女。

有一次，有两个兄弟吃了晚饭后，在街头看到有热粽子买，就馋了，于是打赌吃粽子，谁吃得少谁给钱，在吃饱了晚饭的情况下，有个兄弟在吃下十二个粽子（每个约60克）后，躺在地上不能动弹了，其他兄弟找来木板，将其抬了回去。

双流县电影队为修河农民工放过多次电影，就在擦耳岩的河坝头放。电影有样板戏《沙家浜》《红灯记》，也有故事片《地雷战》《地道战》《英雄儿女》等。有电影看的晚上，农民工就像过节一样高兴。

（四）游金马河之险

那年秋收刚完，我们队就派往公社金马河西的上游十三大队修河，我们住在一曹姓人家，对岸就是温江刘家濠场。那天天气很好，吃了中午饭要休息个把小时，我们几个年轻人好耍，有人说："到对岸刘家濠去耍！""好！"有人响应，我也响应了。于是，我们四人一同过河去了刘家濠场，逛了一会儿，就往回走了。

来到金马河边，有摆渡小船载人过河，我们先前也是乘这船过河来的。可这时渡船在对岸，要等一会儿船才能过来。

此时，正直晌午，天上太阳一直金灿灿地照着，有些热。我们四人都戴了大盘子草帽，把上衣脱了拿在手里，或搭在肩上。

那年我二十岁，正血气方刚，也不知天高地厚，于是提议：

"干脆，我们游过河去！"

"要得哇！"

我一提议，大家就响应了。其实我清楚，天气太热，大家都想下河冲冲凉，顺便游过河去，而且还可节约两分钱的过河钱。

"你们游，我不干。"年纪最小的伙伴叫殷开树，但也 18 岁了，小名叫"龙娃儿"，他下耙耙蛋（软蛋）。

"那好，你给我们拿衣服裤子。"正好不知道衣服裤子咋办，龙娃儿不下水，给我们把衣服裤子拿到对岸去。他答应了。

头上还有草帽，咋办？

"戴在头上，下河就淹不到。"一句开玩笑的话，草帽浮水面，比喻人就不会沉下水。大家说"要得"。于是，我们三人戴上草帽下河了。

除我外，一位是汪开银，比我大两岁；另一位是李腾全，比我稍小。

汪开银走前面，我第二，李腾全在后，三人戴着草帽，身穿短裤，就下河向对岸游去了。

下到河中，水淹到脖子，还真凉快舒服。金马河的水，夏天凉得刺骨，因是岷山雪化水之故。但到了秋天，水就不刺骨了，这是上游温度升高了之故。

游着游着，发现有问题了。头上的大盘草帽，先是帽边沾水，往下坠了，并慢慢地盖住了头，我不得不一边游动，一边腾出一只手来，把草帽一遍一遍地往上揭。但没有游多远，草帽因为浸水沉重了，又因为帽绳缠住脖子，草帽反而掉在脖子前，把它推到脑袋后面去，一游动，它就又回到脖子前，把脸遮住，使你没法看到前面。

我这样与草帽折腾着，不停地耗费着体力，心里一阵慌乱。我挣扎着看了前面汪开银一眼，只见他头上没有帽子了，我才明白，赶紧扯断帽绳，把草帽扔了，这才轻松了点。

我打量了一下我的位置，发现还在河中间。而汪开银，尽管他游在前面，好像离岸不远了，但他老是上不了岸，老是看到他在离岸边不远的河中游。原来，他被卷入岸边的回水沱了。

这时，我后面传来"啊——啊——"的叫声，我回头一看，惊了——李腾全在我后面的河中老远，头前还有草帽挡住他，他"啊啊"的叫喊声，已经带有惊慌、绝望。

"把帽子丢啦——把帽子丢啦——"我向腾全大声地喊。这似乎是我唯一能给腾全的援助。

我的体力也消耗殆尽，但还得向河岸拼命游去。我情不自禁地回头看看被河水冲得愈来愈远的腾全，他的头前面没有遮挡的东西了，我知道他终于把草帽给扔了。

顺着腾全的眼光往下看，远处下游对岸河边，有一条小船，船上还有两个人正在河边捞柴。我一看，就伸起一只手向两人高喊："救命啊——救命啊——"边喊边指下游的腾全。我看到，船上的两人停住了手中的活儿，抬起头来在看我们，心里想着，腾全终于有救了。

但过了一会，船上的两人又做起了他们的活儿，不理我们了，我再怎么喊，他俩都不理我了，各自打捞起他们的柴来。

我的头脑忽然清醒过来，估计他们以为我们三人都在岸边了，没有危险，以为我喊"救命"是在开玩笑，于是不搭理我们，这可怎么办？我心里明白，只有上岸去喊了。

我抬头看了看前面的汪开银，他还在回水沱里游动，我向他喊道："往下游"。

我也避开回水沱往下游，使出全身力气，终于最先上了岸。

一上岸我就顾不得一切地朝对岸捞柴的两人喊话：

"救命啊——救命啊——"

我举起双手不停地摆动，边喊边指着还在河中的腾全，向腾全被冲到下游的河边跑去。这时的腾全，一会儿沉下水不见了，一会儿又露出水面在挣扎，连说话的力气都没有了。

捞柴的两人听到我的喊声，又看到河中有一人被冲下来了，感觉到这不是开玩笑，于是才动身，把船向腾全撑去。

船撑到河中时，腾全沉入水中，被两人伸手抓住，拉上了船。

此时，汪开银也上了岸。他一上岸，就躺在了河岸边，累惨了。

第十章
彭镇与擦耳岩

本章提要：历史上，彭镇管辖擦耳岩，但分多合少。彭镇是川西坝子重镇，这里有蜀中才子彭端淑、第一春波水码头、百年老茶馆、新建槐轩书院、汉轩博物馆（川西民居）等，明清时航运兴盛，大朗堰河浇灌彭镇擦耳岩大片田野，岷江金马河在擦耳岩西边。

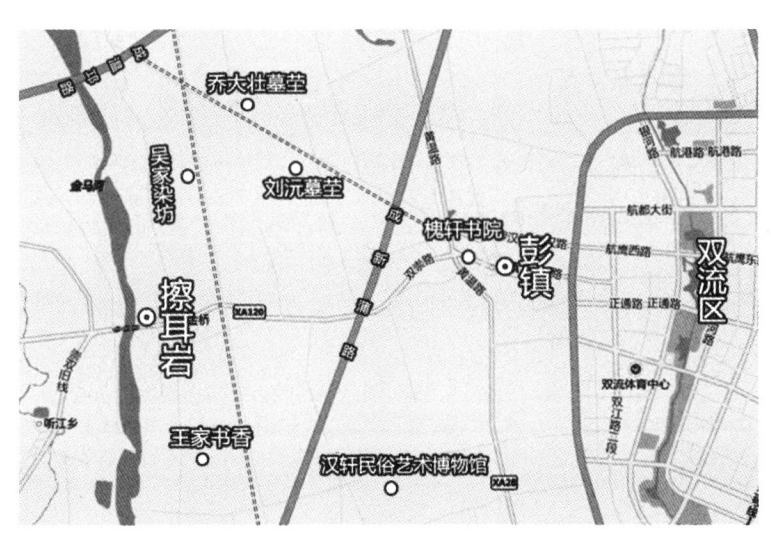

图 10-1 擦耳岩与彭镇位置图

一、彭镇数次合并擦耳岩

彭镇始建于明代永乐年间，乾隆年间叫彭家场，在双流县治西十里。《双流县志》（民国版）记载："西区，古名永丰乡，管辖彭镇、擦耳岩、红石桥、柑梓树。彭镇：俗名彭家场，在治西十里。市面宽大，街巷共十三道，市房旧有一千八百余间，清鼎革时，被巡防军焚烧几尽，仅存十分之一二；现修复市房九百六十九间。场期一、四、七日，商业繁盛，以油、麻、线、布为大宗。"① 民国二十三年（1934）分设保甲，新中国成立之初分设乡，1958年彭镇、擦耳、柑梓、红石等乡合并成立东风人民公社（公社驻彭家场），1959年废东风人民公社，又分设四个公社，改革开放后分设成乡，1994年后，擦耳与红石合并为金桥镇，彭镇与柑梓合并为彭镇，2020年彭镇合并金桥镇后称彭镇，擦耳岩再次归彭镇管辖。

彭镇系川西坝子腹部古镇，西离金马河3千米，东去双流城3千米，是崇州大邑经擦耳岩过河去双流、成都的必经之镇。据史料记载，彭镇清朝初年因战乱而遭烧毁，乾隆年间乡人重建街房数间，终形成具有一定规模的场镇。彭家场，桥跨杨柳河，东临双流，西控崇庆州，为双流第一口岸。彭家场是金马河流域分水河杨柳河中段的水运码头，是重要的水运物资集散地，有水陆码头之称，是温江至新津的船运要冲。

文史研究员刘贤虎有文《彭镇：川西码头文化的活化石》，深度研究了彭镇水码头，生动描写了彭镇水码头的繁荣，指出彭镇在历史上是成都平原有名的水码头，可作参考。

二、彭镇与擦耳岩间三条河

擦耳岩与彭镇的距离不足5千米，却有三条河，即杨柳河、大朗堰河、金马河。

宋朝时，船运兴起，到清朝时，船运达到高峰。金马河因是自然河流，水流湍急，夏秋涨大水，冬春干涸，不利于航运，于是大量河水被分走行船。杨柳河在温江黑石堰分金马河水，用于行船，因此，温江上入金马河可去灌县，卜入双流柑梓树到彭镇，经黄水河去新津。彭镇因是河运中段，清朝时成了繁荣的水码头。

彭端淑、刘沅等人，对彭镇第一桥都有记载。

---

① 双流县旧志丛书整理委员会：《双流县志》（民国版），中国文史出版社，2014年版，第18页。

图 10-2　清朝时彭镇第一春波水码头

（一）杨柳河

彭镇杨柳河桥被誉为"第一桥"，该处码头被称为"第一春波水码头"，属双流古八景之一（如图 10-2 所示），建于乾隆二十八年（1763）。有诗曰：山光草色翠岚拖，第一桥头春浪多，小艇远横杨柳岸，散人应自号烟波。

从彭镇到擦耳岩，有条乡村路，从彭镇过杨柳河第一桥，顺河往上游的左边，有一条宽丈余的土路，走两三百米往西拐，从两处林盘边拐角过，便是一条直直的约三四里长的往西乡间路，经过中元寺，就到了彭镇与擦耳岩连界的杨家石桥，过去就是擦耳的汪家碥、殷家院子、李家寺、擦耳岩了。这条乡间路，平均有五六尺宽，有七八里路程，算是彭镇到擦耳岩的最古老之路了。

彭镇到擦耳岩，民国前为乡村路，民国初年，由擦耳岩乡贤王楠等设计筹建了另一条路，可通黄包车、板车等，后来成为马路、公路。彭镇至擦耳岩的这一段路，是成都经双流去崇州大邑邛崃的邮传大道和南方丝绸路中的重要一段，在历史文化上有着重要意义。

（二）大朗堰河

大朗堰河又叫沙滓河。清朝顺治年间，有位大朗和尚，这条河是他化缘修葺的。作家李文旭有篇文章《一个人的都江堰》，写的就是大朗和尚化缘修大朗堰河的故事。

擦耳岩与彭镇之间，原有大片田地干涸，无水灌溉，大朗和尚见后，企望地方官吏为之开河灌溉，请求官府筹集资金修河。但当时的官府只向人民索取税赋，却不为人民做事付出。大朗并不气馁，既然求官府不行，那就照佛门的规矩办事。从此，他下定决心，头戴斗笠，脚登芒鞋，囊中装着化缘薄，走上托钵化缘集资修河之路。

清顺治十七年（1660），大朗化缘集资后动工修河。大干一个冬春，河渠开通了，堰也筑成了。大朗堰河从金马河温江刘家濠上游起水，在双流金桥鲢鱼寺分水，成东大朗堰河和西大朗堰河，下新津，三县共数十万亩旱田得到了充足的自流灌溉。

光绪四年（1878），四川总督丁宝桢等奏请朝廷，要求封赠大朗和尚，不久圣旨下，封赠大朗和尚为"紫阳真人"，后又加封"静惠禅师"尊号。

直至今天，大朗堰河仍在发挥巨大作用，造福人民。凡给人民做过好事的人，人民永远不忘记。三县人民感戴大朗和尚功德，把开成的堰称为和尚堰，把该河段称为大朗堰河。

大朗堰河大朗功，化缘修河美名留。

（三）金马河

金马河是岷江主流河，杨柳河是在温江上游起水的支流河，大朗堰河是在温江下游起水的小支流河。

三条河的功能和作用不同，金马河是成都平原的母亲河，是保证成都平原人民生活用水和田园灌溉、保障成都平原不受水涝之害的排洪泄洪的大河；杨柳河除灌溉农田外，还是条重要的航运河；大朗堰河是擦耳岩与彭镇都得益的农田浇灌河。

三、川西坝子重镇

（一）蜀中才子彭端淑与彭镇

彭家场历史悠久，文化底蕴丰厚。曾有关帝庙、文昌庙、燃灯寺、观音寺、万年台、川主宫等六庙，有福广馆、江西馆、广东馆等三会馆，还有天一阁等多处古建筑。因川中才子彭端淑迁居于此，且多为彭姓人家居住，故名为彭家场。

图 10-3 彭家场老街

彭端淑（1699—1779），清代著名文学家，蜀中知名教育家，眉州丹棱（今四川丹棱县）人。彭端淑十岁能文，十二岁入学，雍正四年（1726）中举人；雍正十一年（1733）考中进士，入仕途，任吏部主事，迁本部员外郎、郎中。乾隆十二年（1747），彭端淑充顺天（今北京）乡试同考官。

彭端淑为官勤勉，待民宽厚，以"清慎"自励。彭端淑旬月间清理肇罗道所属州县陈积老案三千余件，声威大振，朝廷大吏"深相倚重"。彭端淑在广东做官约六七年光景，是他仕途生涯中最为显赫的时期。

乾隆二十六年（1761），彭端淑辞官归蜀，隐居成都白鹤堂，入锦江书院（时为省立最高学府），走上了课士育贤的道路，彭端淑在该院任主讲、院长近20年。

彭端淑的主要成就在文学方面，其诗歌、散文及文学批评理论在当时的影响都非常大，被誉为清代"蜀中才子"，小品文《为学》影响深远。

彭端淑与其弟彭肇洙、彭遵泗在当时都以文才知名，时称"三彭"。其中以彭端淑最为著名，影响最大，其现存作品中，《白鹤堂文集》最为有名，议论小品文《为学一首示子侄》（简称《为学》）即出自该书。

在成都锦江书院教书时，他常回家乡丹棱，发现彭镇水路通达，市井怡然，实为养性安身之地，于是举家搬迁，在彭镇定居下来了。

（二）观音阁百年老茶馆

四川的老茶馆，不仅是吃茶会友休闲的地方，还是当地新闻、信息等交汇的平台。过去，在没有报纸、广播、电视的年代，茶馆就是唯一的新闻、信息等的发布传播场所。人们一天不去茶馆,就如同一天不知道外面发生了什么。因此,当地人,不管是彭镇街上的人,还是乡坝头的农人,每天有事没事,都要到茶馆吃茶。

成都的著名老茶馆,要数人民公园的鹤鸣茶馆。而彭镇最著名的茶馆,非观音阁老茶馆莫属。

彭镇第一桥的东桥头边,就是观音阁老茶馆。相传,150年前,彭镇突遇大火,整个镇被烧毁,唯有这里幸免,人们认为这里有观音保佑,故名观音阁。现在,茶馆的墙壁上,到处可见20世纪六七十年代的文化标志(毛主席像等),烧水的老虎灶也充满时代感(如图10-4所示)。其实,茶馆从民国时期开业以来,生意一直很好,每天都客满。当地人习惯去老茶馆吃茶,而游客来到彭镇,也往往要去老茶馆吃茶拍照片。

图10-4 充满时代感的彭镇茶馆老虎灶

老茶馆是一栋老旧的房子,已经有百余年的历史了,里面都是旧式装饰,老式穿斗房的木梁、木柱有些歪斜,墙面斑驳破损,有光束照射进来,更显陈旧古朴。

茶馆墙壁上的海报和标语,让人仿佛又回到那个时代,回味那个时代留下的记忆,感受曾经的激情。

我父亲每天都要到这家茶馆吃茶。20世纪八九十年代,我在外地工作,父亲到我那里耍了十多天,我送父亲回来路过彭镇时,他一定要到老茶馆坐坐。刚到茶馆街边,就有人打招呼了。

"嚯——蒋木匠,你这几天'死'到哪里去啦?"

"我就是回来看你们几个有没有'死'的,我回来是买花圈的。"

父亲那一辈的茶友们,一天不在老茶馆见面,都是要用"死活"来开玩笑的。

图 10—5 老茶馆街边"吃茶"的茶客们

(三) 我与彭家场

我小时爱赶彭家场,我的家虽属擦耳公社六大队,但与彭镇六大队相连,经彭镇中元寺去彭家场很近,因此常去彭镇赶场。彭镇是农历一、四、七赶场,擦耳岩是三、六、十赶场。

我十来岁的时候,常去彭家场看热闹。街上人多,你挤我我挤你,一切都让人感到很新鲜。特别是散场回家,离彭镇大桥场口有一里半里的土路分岔口,常有人在那里耍把戏,有时是耍猴的,有时是变魔术的,有时也有杂耍的,十分有趣。但许多时候,把戏演了一会儿,围观的人多了,他就扯到卖狗皮膏药上去了,让你老想看他耍魔术把戏的结果却看不到。

当年农业社时,一年365天,靠劳动是挣不到钱的。农村人手里没有一分钱的来源,但又少不了要用钱,咋办?农民唯一的钱财来源,就是砍竹子卖。因此,一到赶场,各处进场口的路上,就是源源不断的扛竹子涌进场镇的人。

彭家场的竹子市场,是从大桥进场口,过老茶馆后的左手边,一个大坝子里面,几排竹子放在地上,让买竹子的人翻过来翻过去地挑,然后讲价,价钱一讲好,就叫卖竹子的人扛到一个地方过称。竹子的标准价是七分钱一斤,买竹子的人翻看竹子,是看你卖的竹子中间是否夹捆有半截竹子、烂竹子、小竹子、一年生的嫩竹子等,若发现有,就不买了,或者就砍价,只给价六分五、六分,甚至五分。

我也扛竹子到彭镇卖过。我家到彭镇有三四里路,我十来岁时,母亲就叫我砍一根竹子扛到彭镇去卖,一根竹子五至八斤不等,当我长大点时,就砍两根或三根竹子了。少年时扛竹子卖的那种心酸滋味,一辈子难忘。

但最难忘的是我向往的、希望在彭镇读的高中没有读成。我是在擦耳读的小学、初中，我的成绩一直很好，因此也一直是班上的班长，记得读初中时，我写的作文《送公粮》，还在同年级的各班被老师作为范文读讲。初中毕业继续读高中，我认为我肯定没有问题。于是我偷偷地到彭镇高中（现为双流艺体中学）校内去参观了一番，美滋滋地憧憬我即将在这里开始的高中生活。但最终我没有读成高中。那时，上高中是学校推荐。我至今都不明白，我为什么没有被推荐。也许，我是家中老大，家中还有四个弟妹，父母体弱，需要我回家当劳动力干活，挣工分养家了。

从此，我被迫结束了学生时代，回家开始务农，成了农村生产队的一名新农民。

彭家场，留给我的是儿时美好的记忆，彭镇高中，是我年少时的梦想与遗憾。彭家场，在我的成长中，留下的记忆太多了。

图10-6　彭镇永和村一组（原擦耳公社六大队）田园风光

四、新建槐轩书院

彭镇是四川大儒刘沅的故里，近年来有关刘沅及槐轩学的系列活动开展频繁，政府还在彭镇修建槐轩书院等，以弘扬本土名人文化，打造成都文化品牌。

据人民网2021年3月17日报道，"槐轩书院"项目地处双流区彭镇老街区内，位于马市坝街和永丰路交会处。占地面积约3700平方米，其中主体部分的建筑面积约710平方米、景观打造面积约2300平方米，维护翻新的房屋面积约500平方米（如图10-7所示）。

图 10-7　槐轩书院效果图/引自网络

五、川西民居"汉轩民俗艺术博物馆"

"汉轩民俗艺术博物馆",是彭镇(原金桥擦耳岩)村民陈定根在川西坝子各地购回被拆除和损毁的民居院落房,按原貌重建的川西民居。

1987年,李定根退伍后回到金桥镇。他跟着岳父学收藏,期间,李定根对明清时期的各种石雕和雕化门窗,尤其对那些牌匾、家具、木质老宅等情有独钟。同时,他也被各种陶俑陶器丰富多彩的形态、精湛的雕塑技艺,画像砖上的各种人物表情、动作形态、花纹图案等深深吸引。2008年"5·12"大地震后,都江堰的一座明清四合院损毁严重,李定根立即凑钱,整体购回了这座即将倒塌的明清四合院。

图10-8 陈定根川西民居院子/引自网络

这座川西明清民居四合院在都江堰被整体拆卸，李定根将拆卸下来的物件一一整理、编码、记录，然后再搬运回来，根据编码重新修建，并逐渐修缮。占地24亩的四合院，一眼望去，场面甚是壮观。尽管工程浩大，然操作细致入微，被省、市文物部门认定为目前成都平原唯一一座完整的明清四合院。双流区文物保护管理所在此建"成都市历史文化地标"标志（如图10-9所示）。

图10-9 川西民居/引自网络

第十一章
深刻影响擦耳岩历史的著名文化人物及作品

本章提要：擦耳岩地处川西坝子古道，是成都去崇州大邑邛崃最近的渡口，东晋常璩《华阳国志》记载的五津之涉头津就是擦耳岩；初唐王勃《送杜少府之任蜀州》诗中有"风烟望五津"；唐朝杜甫在皂江上观造竹桥并留下诗篇；南宋陆游《自江源过双流不宿径行之成都》一诗中描写了从擦耳岩过河的情景……他们深刻影响着擦耳岩历史文化。

一、东晋常璩《华阳国志》对擦耳岩历史的记载

常璩（约291—361），东晋蜀郡江原小亭乡（今崇州市三江镇）人，著名史学家，成汉时，官至散骑常侍。他撰写的《华阳国志》，为中国第一部记载西南地区的史志。

常璩的家就在擦耳岩对岸的金马河下游三江镇。他常从擦耳岩过渡去成都，对金马河沿岸津渡十分熟悉，特别是对常过渡的擦耳岩涉头津，更是熟悉。

《华阳国志》中记载：

> 其大江，自湔堰下至犍为有五津：始曰白华津；二曰皂里津；三曰江首津；四曰涉头津，刘璋时，招东州民居此，改曰东州头；五曰江南津。入犍为有汉安桥，玉津，东沮津。

常璩详细记载了大江金马河上的津渡情况：其大江，自湔堰（即都江堰）至犍为（东晋犍为郡在新津武阳，新津为其管辖地）有五津。经考证，这五津就是现代的五渡，即徐渡、晏家渡、三盛渡、擦耳渡、新津渡。

常璩对"四曰涉头津，刘璋时，召东州民居此"的注解，是对擦耳岩历史最早最翔实的记载，也是考究擦耳岩历史最早的真实证据。这一历史记载，有擦耳岩出土的文物佐证（见本书第七章）。

"刘璋时，召东州民居此"，揭开了擦耳岩的原住民历史。东州民是东汉末年由外省流入四川的三辅逃荒流民，被益州牧刘璋利用组成东州兵，保卫刘璋政权，后成为功臣，被刘璋安居于成都和擦耳岩两地。

常璩的这一记载，不但指明了岷江金马河上的古渡五津，更提供了涉头津就是擦耳岩的证据，也道出了擦耳岩涉头津原住民的历史渊源。

二、初唐王勃《送杜少府之任蜀州》

初唐王勃的这首《送杜少府之任蜀州》，我国中小学生均能背诵，其中"海内存知己，天涯若比邻"更是人人都能脱口而出的名句。而诗中"风烟望五津"，就是指岷江金马河上的五津，其中的五津之涉头津，就是擦耳岩古渡。

送杜少府之任蜀州

城阙辅三秦，风烟望五津。

与君离别意，同是宦游人。

海内存知己，天涯若比邻。

无为在歧路，儿女共沾巾。

这首诗是王勃在长安所写，是来了蜀地后回长安所写，还是没有来蜀前就写了呢？这个问题，至今没有人提及。我认为，从诗的内容来看，应是他从蜀地回到长安后所写。

诗中有"同是宦游人"句，"宦游"是古代士人为谋取一官半职，离开家乡拜谒权贵、广交朋友的旅游。我国古代的宦游历史悠久，有官吏以来就有关于宦游的记载。"宦游人"是指为了做官而四处交友的仕子，或者是被派到远离京城或家乡的官员。一般来说，"宦游人"都是在仕途上不太得意的官员。

既然王勃说他与杜少府"同是宦游人"，因此我认为，当时已是王勃被贬蜀地三年后，他返回长安，在虢州谋得参军一职，已经有了一次"宦游人"的经历，得知好友要到蜀地任职，才写了这首诗，否则他怎么能称自己也是"宦游人"呢？"少府"一职说不上是好官，也是依附于当地当权官的协助职务。

王勃见到昔日好友要去蜀州任少府，情感一下就涌上心头，这才写下"无为在歧路，儿女共沾巾"这样感情深厚的诗句。王勃曾在蜀地流浪三年，如今得知好友要去千里之外的蜀州，这才有"海内存知己，天涯若比邻"之感觉。

久别不见今相见，相见又是相离别，只有在这样的情景下，王勃才有这样的感情，才写得出这样感情充沛的诗篇。王勃被贬之前，16岁成为朝散郎的他，自然还是个才气高昂，敢写《檄英王鸡文》的"愤青"，是完全没有"宦游人"感觉的，只有经过了一番"宦游人"经历，才有"同是宦游人"之感。再者，如果王勃没有去过蜀地，又怎会知道"蜀州"的方位，以及与"风烟""五津"的关系呢？

因此，我认为，王勃是去了蜀地，才知道"蜀州"，才写得出"风烟望五津"句，才有"同是宦游人"之感，才在诗中流露出真情实意。

王勃在蜀游览三年，见到过风烟弥漫的大江金马河，以及金马河上的五津。在这三年中，他很有可能是上过擦耳岩古渡船的，因为这里是成都去蜀州最近的要津渡口。

当站在擦耳岩古渡旧址，身临其境，更有情感交融的深切体会和感受。五津涉头津对岸，就是蜀州（崇州），这里是体会王勃"风烟望五津"之美妙诗意的最佳地点。

三、唐朝杜甫在皂江上观造竹桥

皂江是金马河的曾用名。金马河是都江堰外江，具有夏秋季丰水，冬春季枯水的特征。根据《双流县交通志》的记载，一直是洪（丰）水期舟渡，枯水期搭便桥，以便利交通。

唐朝杜甫在蜀时，曾在皂江边观造竹桥，留下三首有关"观造竹桥"的诗：

陪李七司马皂江上观造竹桥，即日成，往来之人免冬寒入水，聊题短作，简李公二首

伐竹为桥结构同，褰裳不涉往来通。
天寒白鹤归华表，日落青龙见水中。
顾我老非题柱客，知君才是济川功。
合欢却笑千年事，驱石何时到海东。

把烛成桥夜，回舟坐客时。
天高云去尽，江迥月来迟。
衰谢多扶病，招邀屡有期。

异方乘此兴，乐罢不无悲。

李司马桥了承高使君自成都回
向来江上手纷纷，三日成功事出群。
已传童子骑青竹，总拟桥东待使君。

（一）杜甫在哪里观搭竹桥

关于杜甫观搭竹桥的地点，目前说法不一。有篇文章《关于杜甫"皂江上观造竹桥"之诸说》分析得很好，依次分析了"在都江堰安澜桥之说""在崇州羊马镇羊马河之说""在新津之说""在温江三渡水之说"，其理由都是"那里是成都至崇州的必经之道"。文章最后认为："肯定性的结论倘无坚定的证据或证据链作支撑，就最好不要妄作。"文中肯定了杜甫观造竹桥是在皂江即金马河的"五津"渡口上，至于在金马河上哪个津渡，文中未得出结论。

此文对三渡水有这样一段分析：

> "五津"皆古老又各具特色，尤其三渡水，因河面最为宽阔，水势较为平缓，又是崇州、新津、大邑直至邛崃的必经要道，附近州县百姓和来往商贾、官员都要在此登船，故形成了川西平原上人气最旺、热闹非凡的盛景。①

文中分析说，三渡水河面最为宽阔，水势较为平缓，不假。实际上，之所以取名"三渡水"，就是这里河面宽，水大时，河面呈宽阔的一条河，水小时，河面有些地方露底，成了三条河，要连摆三个渡，因此才叫"三渡水"。

但文中说三渡水是崇州、新津、大邑直至邛崃的必经要道，这就有误了。陆游《自江源过双流不宿径行之成都》一诗，就直接证明了这里并不是必经要道，而是绕道。

再说三渡水搭竹桥，是极不易的事。该处河底坦宽，搭桥自然宽，三天恐难完成。

再说，成都至崇州最近的要津，是走擦耳岩渡。

---

① 秦嘉穗：《关于杜甫"皂江上观造竹桥"之诸说》，《文史杂志》，2017年第5期。

（二）杜甫在擦耳岩观搭竹桥理由最充分

擦耳岩位于成都至临邛的商贸古道上，是民国以前的"成崇路"要津。东晋崇州人常璩常在此过渡，他的《华阳国志》记载了这里是五津之涉头津，并详细记载了东汉刘璋迁东州民居此的情况；陆游写诗证明这里去成都最近；清朝武官杨遇春回崇州在此过河，给这里取名"擦耳岩"。充分证据证明，擦耳岩才是成都至崇州最近的要津。

擦耳岩夏秋丰水摆渡，冬春枯水搭桥。因擦耳岩河口是金马河最窄的渡口，冬春枯水时，河底呈V型，水流集中于河中心，约十来米宽，极易搭竹木桥。因此，擦耳岩年年冬季都搭桥。

我在家乡时就见到过冬季搭的竹木桥。用竹子破开编三排共六个竹筐，放在河水中装上石头作桥柱，搭上六七条厚木板，桥边绑上竹子作桥栏，以防人不小心落水。擦耳岩处搭竹桥，相比三渡水，要简单容易得多。

第三首《李司马桥了承高使君自成都回》中的"高使君"，系唐代大诗人高适，时任蜀州（今崇州市）刺史。我认为，高适从成都回崇州，若走近路的话，自然是走擦耳岩了。三天能搭成桥，也当是擦耳岩了。

因此，杜甫在擦耳岩观搭竹桥的理由最充分。

（三）"窗含西岭千秋雪"的美景在哪里？

成都欠全国的游客一个美景，这就是"窗含西岭千秋雪"的含雪楼景。杜甫诗《绝句》：两个黄鹂鸣翠柳，一行白鹭上青天。窗含西岭千秋雪，门泊东吴万里船。

我在成都杜甫草堂，多次被游客问道："哪里能看到'窗含西岭千秋雪'的景？"我每次都对游客遗憾地摇摇头，游客们无不愤慨地说道"杜甫骗人"。在我看来，不是杜甫"骗人"，而是成都的建筑变高了，把当年在成都随处都可看到的美景，给遮挡住了。

这个景应该打造出来，还给杜甫，还给全国游客。

金马河边的擦耳岩，正是打造"窗含西岭千秋雪，门泊东吴万里船"的美景之地（见本书第十九章）。

四、南宋陆游《自江源过双流不宿径行之成都》

南宋诗人陆游，八百年前在崇州做官，常来往于崇州、成都。期间，写下了《自江源过双流不宿径行之成都》，这首诗除有文化价值外，更重要的是对擦耳岩有重要的历史考证价值。

自江源过双流不宿径行之成都

断筰飘飘挂渡头，临江立马唤渔舟。
少城已破繁华梦，老境聊寻汗漫游。
斜日驿门双堠立，早霜风叶一林秋。
诗材满路无人取，准拟归骖到处留。

在我看来，"自江源过双流不宿径行之成都"，说明从崇州去成都，走擦耳岩过渡最近；"临江立马唤渔舟"，是陆游牵马站在江边，江面很宽，能载马过河的大渡船在对岸，看上去像渔舟一样小；而"断筰飘飘挂渡头"，描写的正是擦耳岩渡船，"断筰飘飘"正是指用竹索拴挂船头，竹索在河里顺水飘荡的情景。

擦耳岩古渡，是用一根长长的竹索从上游牵挂着，在渡船尾部放一把长橹伸到河里，借河水的流动之力摆渡。我认为，陆游的这首诗，真实描写了擦耳岩古渡，为擦耳岩留下了非常宝贵的诗证。同时说明，擦耳岩至迟在南宋时，就已经使用竹索牵挂摆渡驾船。陆游是描写记载我国第一神奇古渡的第一人。

陆游的这首诗，首联描写擦耳岩渡，颔联就写成都少城的景况，陆游由擦耳岩的河渡情景，忽然联想到成都的繁华景象已经逝去，擦耳岩与成都，在大诗人的笔下有说不出的机缘。

第十二章
葬于擦耳岩金马河畔的三位知名人物

本章提要：晚清四川大儒、槐轩学派创始人刘沅，出生在彭镇金马河边的羊坪村，死后也葬于此，其后人也是四川的非凡人物。乔树枏拔贡入朝，任刑部七品京官，研刑律，折狱明允，后晋刑部主事、擢御史，迁学部左丞，曾任川汉铁路驻京总理，保护敦煌文物有功。民国时期爱国文化人乔大壮，1948年在苏州投江自尽，死因至今不明，或可从投江前所写诀别诗中探寻其死因。

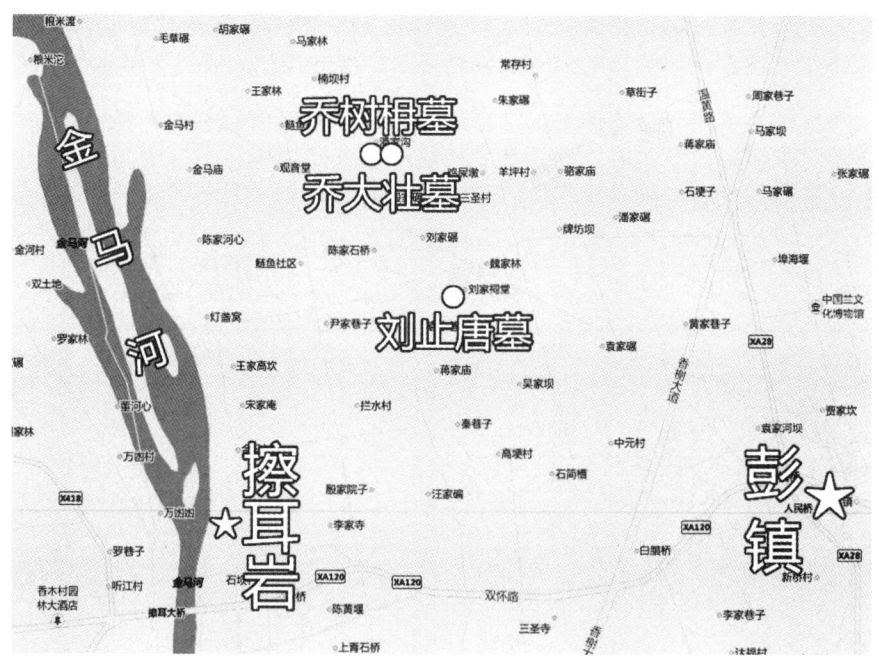

图 12-1　擦耳岩金马河畔的三位知名人物墓茔图

一、晚清四川大儒刘止唐

刘止唐（刘沅），一字讷如，清代举人，号清阳居士，乾隆三十二年（1767）出生于今双流区彭镇羊坪村。二十五岁时考取举人，但之后三次参加会试不中，终未能成为进士。三十岁后即绝意仕进，在家奉养老母，潜心经史，讲学课徒，著书立说，惠及后人。嘉庆十八年（1813），刘止唐移居成都南门淳化街（今锦江宾馆西门），建一宅院。院中有株老槐树，不知植于何代，枝繁叶茂，浓荫掩映，苍劲刚健，雍穆恬静，乃名宅，曰"槐轩"。此后四十二年，刘止唐一直在此治学讲学，未尝有一日懈怠，直至1855年逝世。

刘止唐作为清代著名的儒学大师、教育家、宗教思想家、医学家，其学术被称为"槐轩之学"，影响深远，他被后世尊为槐轩学派、刘门教以及川中中医火神派的开派师祖。其著作《槐轩全书》，以儒学元典精神为根本，融道入儒，会通禅佛，体大精深，鸿篇巨制。

刘止唐治学不分门户，融汉宋、古今文、儒释道于一体，提倡以天理人情折中是非，其学多有独创。世人尊称他为"一代大儒""通天教主""川西夫子"。

（一）双流区彭镇政府重修刘止唐墓茔

刘止唐墓因年久失修，墓破碑残，杂草丛生。双流区文史专家陈伟芳多次向双流区有关部门、彭镇政府等建议，推动双流历史文化发展，开发打造历史文化名人景点，修建刘止唐墓茔。2017年底，彭镇政府决定出资重建刘止唐墓茔。2018年初，由陈伟芳任总设计的刘沅墓茔开工建设，2018年春正式建成。2021年6月，双流区召开相关会议研究，对刘止唐墓进一步扩建。（如图12-2、12-3所示）

图 12-2　双流区文史专家与省社科院研究员赵敏及刘家后人等合影

图 12-3　刘止唐故里与彭镇古镇意境图

(二) 刘止唐槐轩活动

2004年秋，双流举办"刘沅及刘氏家族文化意义讲座"，由四川大学教授何崝主讲，双流县档案局局长田宏梁、双流县委宣传部副部长杨燕、双流县文联副部长陈伟芳、《双流县志》副总编王泽枋等人参加。

2006年2月12日，双流艺体中学谢祖福、双流瞿上文化工作室陈伟芳，向双流县委、县政府提交了《关于开发利用双流刘氏家族人文资源，使之成为文化资本的请示报告》。

2010年5月，由双流瞿上文化工作室策划了"双流县彭镇槐轩文化旅游项目"方案。

2016年3月17日，双流政协文史委、双流区教育局共同主办"问道槐轩——儒林刘止唐兄弟读书处诗碑拓本暨《槐轩全本》善本特展"，在双流棠湖中学新校区举办。

2017年12月，为纪念刘沅诞辰250周年，由双流区教育局主办，双流中学、陈伟芳艺术馆承办，举办"刘沅诗文碑帖古籍善本特展"，四川省历史学会谭继和会长、四川省巴蜀文化研究中心段渝主任、四川省博物院魏学峰副院长、西南民族大学祁和晖教授等莅临支持。

2019年10月，双流区教育局主编《瞿上文华——双流区中学生社情教育读本》。编辑刘沅诗文《豫诚堂家训》《槐轩谕学者》《葛陌》《大朗堰记》《甘泉里》和段渝《一代大儒刘沅》、刘伯谷《豫诚堂家训注解》。

2019年12月21日，四川省刘沅槐轩学传承创新鉴赏与研究系列活动由四川省人民政府文史研究馆、省文化旅游厅、成都市双流区人民政府主办，省图书馆、省文化馆、省社科院、省历史学会等联合承办，旨在通过梳理研究刘氏家族家学渊源，弘扬传承四川刘氏学术思想，让"槐轩学、推十学"走进当代，让思想活在当下，以"梳学理、正视听、树风尚、续传承"凝聚思想共识，打造蜀中历史名人文化品牌。

2021年3月27日，双流区举行区委理论学习中心组（扩大）学习会暨第十五期"航空经济大讲堂"，特邀四川省社会科学院研究员、四川省巴蜀文化研究中心段渝教授，围绕"研究《槐轩全书》、弘扬中华文化"主题进行专题讲座。区委书记鲜荣生出席。

2021年9月25日，双流区文史专家王泽枋、陈伟芳、李文旭与笔者四人到刘止唐墓拜谒，巧遇四川省社科院研究员赵敏，以及刘兴泰、刘镛晋、吴先镇、张小松、张大军、刘苏、李燕、刘艾、刘铈晋、陆忠群等刘氏后人，也来拜谒刘止唐墓。可见槐轩文化深入人心，槐轩文化创始人刘止唐广为乡人敬仰。

二、清末学部左丞乔树枏

乔树枏（楠），字茂轩，又字损庵，四川华阳人，1849年生于成都，1917年卒于北京。童年聪慧，早负文誉，于1873年拔贡入朝，任刑部七品京官。乔树枏精研刑律，折狱明允，后晋刑部主事、郎中、擢御史。1906年，清设学部，乔树枏升学部左丞，"丞视之三品卿"。

（一）仗义之举引赞

清朝晚期，戊戌变法失败，六君子被判斩立决。

一囚犯在狱中壁上潇洒写下几行字，随后便至北京菜市口慷慨就义。他就是戊戌六君子之一的谭嗣同。

> 望门投止思张俭，忍死须臾待杜根。
> 我自横刀向天笑，去留肝胆两昆仑。

这首慷慨激昂的诗，谭嗣同写在狱壁上，若没有人传抄出去，这首诗就永远不被人知。但要传抄一名死囚的诗，就算不掉脑袋，恐怕也会惹麻烦，谁愿做这事？

但是谭嗣同的狱壁诗，还是被一人悄悄传抄出去了，这人就是刑部主事乔树枬。

六君子问斩，是在1898年9月28日（农历八月十三），北京宣武门外菜市口，风雨如晦，杀气阴森。谭嗣同、杨锐、林旭、杨深秀、刘光第、康广仁六君子在这里引颈就戮。六君子被害，现场瘆人，没人敢收尸。不想，乔树枬速即来到菜市口，为同乡杨锐、刘光第收殓遗体，并出资送其家属扶柩回川。

事后，人们对乔树枬的仗义之举大加赞叹，为其抄传谭嗣同狱壁诗大加赞许。

"我自横刀向天笑，去留肝胆两昆仑"，从此传遍天下，鼓舞了多少民族英雄。若没有乔树枬的冒险抄传，中华民族诗歌史上便少了这一名句。

（二）为黄崖教案上奏申冤

清光绪三十一年（1905），乔树枬入太谷学派。"太谷学派"是一种关于天人关系的创新学说，周太谷创立，其弟子张积中等召徒传教，并在山东黄崖设立了一个工农商学兵（护山防盗的民团）村社性质、边耕边学、自给自养的讲学组织。乔树枬投师太谷学派后，学派希望借助乔树枬的御史身份，为发生于咸丰年间的山东黄崖教案申冤昭雪。

清朝晚期，清王朝风雨飘摇，太平天国席卷全国，捻军纵横天下，那时，张积中的山寨却很红火。咸丰六年（1856）已聚众达八千余户。山寨规模庞大，官府疑其不轨，山东巡抚阎敬铭诬其为匪教，举兵进剿。山东布政使丁宝桢给张机会辩白，但张的弟子与丁宝桢派员产生了误会，杀死来人马弁。随着局势发展，阎敬铭、丁宝桢率兵万人亲往山寨形成合围之势，张榜重赏招安，五天过后竟无一人出寨受招。官民对峙良久，后官兵破寨，先后屠杀山寨武装精锐七八百人、寨内民众1700余人。寨破时，张积中率亲戚家属等两百余人在大堂自焚，官兵趁机烧杀奸淫，无一逃脱，这就是晚清史上著名的"黄崖惨案"，又名"黄崖教案"。一直以来，山东黄崖山教被作为"邪教"和"叛逆"处置，太谷学派也因之蒙受"邪教"之名。

1906年，乔树枏上奏折，"白发儒生空山讲学，生被诛夷之惨，蒙叛逆之名，斯诚圣慈之所心恻矣"，请求清廷重新审理黄崖教案。清廷派山东巡抚杨士骧彻查具复，杨士骧交给幕僚何圣生办理，何圣生经查后认为实属冤案。然而杨士骧见事体重大，面太广太杂，更牵涉他的前任阎敬铭。杨为免受"非常之谴"，便把已经草拟的奏稿故意搁置下来，而清廷正处于多事之秋，没有心思再过问此事，结果不了了之，直到清朝灭亡，黄崖教案也未昭雪。

尽管如此，乔树枏上疏奏折为黄崖教案昭雪平反的行为还是得到了人们的肯定。

（三）任川汉铁路驻京总理

19世纪末20世纪初，中国大地上掀起了轰轰烈烈的兴修铁路的高潮。

光绪二十九年（1903）7月，四川总督锡良奏准清廷自办川汉铁路，随即设公司、辟财源，保住了自建铁路主权。同年12月2日，清廷允许设立川汉铁路公司，初定为官办，总部设于成都。以四川总督锡良为总办，沈秉坤为会办，各州、县数员为襄理。

光绪三十三年正月（1907年2月），川汉铁路改官商合办为商办。正名为四川省川汉铁路有限公司，乔树枏为总理，胡峻为副总理。奏任胡峻为驻成都总理，乔树枏为驻京总理，费道纯为驻宜昌总理。

川汉铁路有限公司成立后，总部设在成都，各总理职责为：北京总理统领全局，成都总理负责筹措谋划，宜昌总理管理实地勘测和施工。

宜昌总理费道纯是四川阆中人，上任时已经年近六旬。费道纯怀着满腔热忱投身铁路勘测，和工程技术人员一起跋山涉水。1908年8月，费道纯不幸于崇山峻岭中病故，其总理职责由乔树枏兼任。由此，乔树枏实际上肩负了铁路公司绝大部分责任。

1909年8月，正值詹天佑在宜昌勘定线路，制定计划，积极筹备开工事宜时，乔树枏因工程重大辞去了代宜昌总理，另举荐邮传部参议李稷勋接任。李稷勋是一位高级知识分子，临危受命，勇挑重担，来宜昌就职。

但因中国初办公司，一切都是新的，没有经验，特别是财务管理混乱。川汉铁路公司驻沪总理施典章，掌握着公司350万两路款，将其用于上海橡胶股票投资，经查核发现亏掉路款共250万两，引起了股东不满，纷纷声讨乔树桐。乔树枏因作为负全责的总理难辞其咎，加之股东争权，1910年11月，乔树枏不得不辞去总理职务。

宣统三年（1911），清廷宣布铁路干线均归国有，保路运动爆发。

（四）保护敦煌八千文物

清光绪二十六年（1900）5月26日，甘肃敦煌莫高窟发现藏经洞后，敦煌文物遭到外国文物贩子的巧取豪夺，流失严重。清政府腐败无能，加之敦煌地处偏远，这一发现没有及时为中国学者所知。1907年到1908年，藏经洞的很多文物先后被斯坦因和伯希和攫取到手，运送至伦敦和巴黎，可当时中国对他们拿走了多少东西以及藏经洞的剩余情况，却一概不知。1909年秋，伯希和由河内来到北京，随身携带了一些没有随大宗收集品寄回巴黎的敦煌写本，并将其中的四部典籍、古文书等出示给京师学者看。这时，京师的学者才第一次得知在中国甘肃发现了唐代古写本。伯希和还告诉大家，藏经洞还有以佛经为主的写卷约8000卷，他并没有取完。

这一惊人消息立即被京师学者罗振玉报告给学部左丞乔树枏。乔树枏知道后积极处理此事，火速拍电报给护理陕甘总督毛庆蕃，要他把剩下的卷子购买送回学部。电报内容如下：

> 行陕甘总督，请饬查检齐千佛洞书籍，解部。并造像古碑，勿令外人购买。宣统元年己酉八月二十三日。

清学部从甘肃敦煌莫高窟买回经卷8000余卷，全部解运进京。

这封学部电报是清朝政府处理藏经洞经卷仅有的档案记载，被收入《学部官报》第104期。乔树枏作为清学部左丞，积极保护敦煌高窟经卷，为保护国家文物做出了重要贡献。

（五）清风拂袖苦涩而终

乔树枏初做京官时，官微职小，薪水非常微薄，不时还得靠人周济。乔树枏曾做过四川按察使崇纲的师爷，乔崇二人情谊深厚，乔树枏一直得到崇纲的资助。至光绪十年（1884）闰五月，乔树枏任刑部主事，其经济状况才有所好转。

乔树枏从刑部主事、郎中、御史，到学部左丞，二十余年的宦海沉浮，一路清风拂袖。除了其曾于1894年回川买地葬母建祖茔时，购置过些许田地外，再没有关于乔树枏在何处有房产的记载。

1912年2月，清帝下诏书逊位，清朝灭亡，朝廷官员各奔东西。其时，已63岁的乔树枏还能做什么呢？好友马其昶①在《学部左丞乔君墓表》中记到：

> 君之友毛君庆蕃弃官从黄先生讲学苏州。至是，君亦往，两人年辈视黄先生等也，皆折节师事焉。君留苏州一年，还京师，独栖法源寺，日课诵佛号。疾作，家人迎之归。一日，呼寺僧至曰：吾行矣。俄而逝。顾言以僧服殓。

清朝灭亡后，乔树枏曾去苏州找工作，逗留一年后返回京城。回京后，乔树枏到法源寺皈依，便超出三界外，不在五行中。1917年，乔树枏在北京法源寺病故。

乔树枏的一生是正直的，但也是苦涩的。乔树枏的巅峰时期，正值动荡的清朝晚期。他赞同社会改良，参加改良探讨活动。但当改良发展成革命，变为要推翻清朝帝制时，乔树枏退缩了，成了保皇派，他不赞成推翻清王朝。1898年11月13日，上海《申报》刊登《缕记保国会逆迹》一文，转载了乔树枏致梁启超的一封信，表明了自己参加过"报国会"的"清白""冤屈"，表示要与"但保中国，不保大清"的梁启超"保国会"们划清界限，乔树枏充分表明了他的保皇观点。

为什么乔树枏赞同改良但不赞同推翻帝制？除历史局限外，主要还是乔树枏一家人的经济状况所决定的。乔家一家老小全靠乔树枏一人在朝廷领薪水过日子。若推翻了清朝，乔树枏又靠什么养活这一大家子人呢？就此，乔树枏总结出了不让后人参加任何党派的教诲。后来，孙子乔大壮谋得一职，接下了养家的重担。乔树枏去了法源寺，闲暇时卖字贴补生活之用。

乔树枏在母亲尹太夫人的墓志铭文中，表露了他的艰辛苦涩。更有他的诗句，概括了自己遇事处事的基本原则：宁受一冬寒，不受一年饥。

乔树枏病故后，其生前好友马其昶为之撰写了墓表，其孙乔大壮扶柩回成都，葬于潘家沟母亲坟旁，现位于双流彭镇鲢鱼社区。其坟曾被夷，现已重建。

2015年7月11日，在金桥镇（现彭镇）鲢鱼社区，村民姚兆元带我在另

---

① 马其昶，清末民初著名作家、学者，一生著述丰硕，在学术界负有盛名。

一农户家的洗衣台上,找到了用作洗衣台板的乔树枬墓碑,墓碑中间竖立一行大字:

清授资政大夫祖考乔公讳树枬字茂轩太府君之墓

从碑文上可知,乔树枬的最后官职应为正二品阶"资政大夫"。清"资政大夫"为文散官名。文为资政大夫,武为武显将军。金代始置,为正三品,元、明、清均为授正二品阶。

据相关资料记载,1906年,清廷裁九卿,设左右丞参(乔迁学部左丞),"先生在刑部,年辈最先,绩望甚著,为众所推,大臣乃荐拔尔左丞。"1911年又升为法部大臣。

由此可知,乔树枬的最后官职应为"法部大臣"。否则,乔大壮不敢在墓碑上刻"清授资政大夫"。

三、民国爱国文化人乔大壮

乔大壮(1892—1948),原名乔曾劬,字大壮,以字行,号波外居士,乔树枬之孙。

乔大壮幼年丧父,由祖父抚养督教,故启慧甚早,承继家学渊源,深受祖父思想道德情操的影响。年轻时就读于京师大学堂(北京大学前身),博究经史诗文,复入译学馆,通法文,旁及佛典,善作诗,导师辜鸿铭称其通才,唐圭璋誉其为"一代词坛飞将",乔的诗词清新雅丽,卓然脱俗,其书法和篆刻艺术也享有盛誉,其篆刻艺术被业界与齐白石并称"南乔北齐",素有"三绝"之称。其经历也极富传奇色彩。

1948年7月3日夜,乔先生投江于苏州梅村桥下,以爱国爱民立身的先生,却因忧国忧民愤世而投江自尽。1948年11月,其子乔无遏用飞机将先生骨灰运回成都双流擦耳岩河畔的祖茔潘家沟,与他祖父墓葬在了一处。

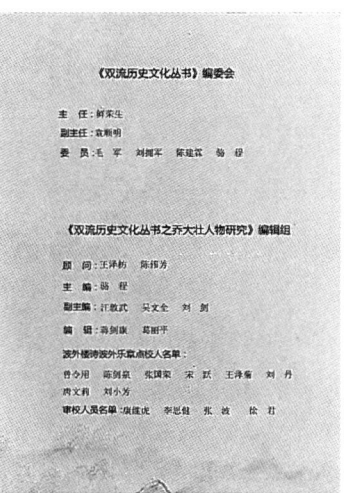

图12-4 成都市双流区委史志办编纂的《乔大壮人物研究》

我应双流区史志办之邀,参加了《乔大壮人物研究》(如图12-4所示)的主编工作,阅读了众多研究文章,对先生的平生有了一定的认识和研究。多年来,人们对其忧国忧民、效屈投江而死的肯定不足,而妄加分析无端揣测的文章却多,甚至出现有辱乔家的文章等。于是我写了《平生无泪比黄河——从诀别诗中探寻乔大壮投江之死因》一文,我省历史学会谭继和会长对乔先生之死也有微信评议。

平生无泪比黄河
——从诀别诗中探寻乔大壮投江死因

关于乔大壮投江之因,有人画了个框,认为新旧两个时代交替之际,知识分子彷徨无所适从,于是干脆自了其生,并说乔大壮之死可以归入这一类。可是当时的中国,决定国共两党命运的三大战役都还没有开始(1948年9月12日辽沈战役才开始),哪来的新旧社会将交替之际,知识分子彷徨苦闷无所适从?这显然是主观臆断画的框,随意地就把乔大壮之死往里装。有人说是因乔大壮家无住所孑然一身,老年寂寞孤独,心情颓丧,嗜酒过量,失业,生活陷入困境所致,更有甚者说乔"自杀乃我家常事"等,这显然也是主观臆断、妄加猜测,有辱先生人格。乔大壮死时五十七岁,并不算老,儿女皆成人成家,先生月前还任台湾大学主任教授,一心还思念着下学期的台大继续聘任之事,哪来的生活困苦孤单之忧?况且就算失业了,他篆刻书法诗词三绝,哪一样会使他生活陷入困苦?至于说他无固定住所,无家可归,这显然是以和平年代的思维去揣测动荡年代人的生活住所需求，乔先生还在大学任教，学校自然要安排住宿，就是不在学校任教了，他还有上海女儿的家，待自身安稳后，还有条件买房安家。至于丧偶丧子后的悲伤，事过多年，先生已经走出阴影，特别是儿子乔无遏击落多架敌机成为英雄后，先生的心情就放开了，不再沉迷此悲情了。

在我看来，以上都不是乔大壮先生投江之因。而要寻找乔先生之死因，当从他临死前所写的诗中一探究竟。

1948年5月中下旬，先生从台湾大学回到上海，至7月3日投江的一月余时间里，写了三首诗。前两首为《过南京留别履川二首》，第三首为《无题》。三首诗从所写时间和内容结构等来看，均可视为一首完整的诗，为便于分析，可名为《诀别诗三首》：

其一
空中传恨复如何，老去分明托逝波。
但使此坛千日醉，平生无泪比黄河。

其二
颂橘诗成见苦辛，国中荡荡更无人。
此行不是无期别，试向初平觅道真。

其三
白刘往往敌曹刘，邺下江东各献酬。
为此题诗真绝命，潇潇暮雨在苏州。

乔先生离世前的社会背景与遭遇

抗日战争胜利后，乔大壮随中央大学从重庆迁回南京。1946年国民党发动内战，时局发生变化，乔先生经历了一场无比沉重的内战之痛。二儿子乔无遏抗战时参加空军成为飞虎队员，击毁日机四架半（半架是与人共同击落），成为民族功臣，乔先生甚是欣喜，并以无遏为自豪。但国民党发动内战后，无遏奉命开飞机去解放区作战，而先生的大儿子乔无戁在解放区，这就形成了国家在内战，自己家里也成了自家兄弟打自家兄弟的内战。乔先生深感愧对国家也愧对祖宗，一下子陷入国恨家辱的情感之中。

1947年3月，国民党当局召开"国民代表大会"，先生酒后大骂"费国民血汗已几亿，集天下混蛋于一堂"①。1947年夏，先生所任教授的南京中央大学中，有七名教授未被聘用，先生出面与校方交涉但无果，先生在已接到聘书的情形下，也毅然辞去教授之职，与七名教授站在了一起。当年秋，先生应台湾大学文学院中文系主任徐寿裳好友之邀，去了台大任中文系教授。不料1948年2月徐寿裳被害，好友的遭遇使先生万分痛苦，日日以酒相伴。当年3月，先生继任了中文系主任之职，期间结识了来台作访的钱锺书、向达②等。5月，因台大教学任务不重，乔先生作安排后回了上海，期间走访好友，等待台大下学期的聘书。在上海，乔先生走访了徐玉森，在南京探望了旧友曾履川，门生蒋维崧。6月底，乔打听到台大没有发他的聘书，写下《过南京留别履川二首》。7月2日，先生住在上海女儿乔无疆家，第二天先生独自去了苏州，在客栈写下最后的诗《无题》，寄予门生蒋维崧。当晚，乔先生投江自尽于苏州梅村河。

从1948年初至投江的当天，半年中，与乔有密切接触的三位友人后来写有文章，可从中了解乔的生活和精神面貌情况，即台静农的《记波外翁》、马小弥③的《难以忘却的记忆——记许寿裳、乔大壮、马宗融三老之死》、向达的《悼乔大壮先生》。

以上是乔先生死前的背景，也可以说是他写诗的背景。我们可以在此背景下去分析其诗的内容和写诗时的心境。

空中传恨④复如何，老去分明托逝波⑤。

清代朱彝尊有"老去填词，一半是，空中传恨"。这里，乔先生借用了"空中传恨"句。"空中传恨"，可理解为没有聚向，没有特定指向的"恨"。

但先生的恨是有聚向有指向的。从先生的遭遇和当时的社会背景可知，先生恨内战，恨发动内战制造一家兄弟打仗相互残杀的一群混蛋，恨谋杀徐寿裳的背后黑手。"复如何"，又如何？最终，人都是要老要死的，死了就了了，一

---

① 我向乔新教授打电话问乔大壮骂当局"集天下混蛋于一堂"之事，乔老说，当时他父亲喝了酒，醉醺醺喷口而出怒骂当局，影响很大（乔新当年20岁）。

② 向达（1900—1966），北京大学教授，敦煌学专家，于1948年3月与钱锺书一起访问台大时认识乔大壮，他于1948年8月17日写了《悼乔大壮先生》。

③ 马小弥，台大教授马宗融的女儿，是年，她在台湾"已经是十几岁的大姑娘"了，接触了乔大壮等人，于1980年5月29日写下《难以忘却的记忆——记许寿裳、乔大壮、马宗融三老之死》。

④ "空中传恨"：清代朱彝尊《解佩令·自题词集》有："十年磨剑，五陵结客，把平生、涕泪都飘尽。老去填词，一半是，空中传恨。"

⑤ "逝波"：乔先生夫人病逝，先生作有《生查子》："舵楼东逝波，鹢首西沈月。何似一心人，自此无期别。犯雾剪江来，打鼓凌晨发。君去骨成尘，我住头如雪。"

了百了。"逝波",逝世之事,逝之波澜。

此联句是说,先生生时虽不能"恨"如何,但死后也要"托逝波",即托借死事说事,以唤起人们之觉悟。先生把恨托付死后,以此引起社会的关注,希望换来当局的清醒、国人的觉悟。

但使此坛千日醉,平生无泪比黄河。

先生一生爱酒,而此时因恨而嗜酒,整天以酒相伴,醉酒寻安,但使此坛千日醉。在台湾,徐寿裳遭害,先生联想到背后的黑暗。由国家的内战,联想到自己的两个儿子在战场对面厮杀,先生不得不天天以酒麻痹。再联想到自己一生的坎坷,先生内心痛苦,悲恨翻腾,无泪胜有泪,似滔滔黄河。嗜酒是表象,内心挣扎痛苦才是真。

此联句是说,纵使我抱着酒坛天天醉,谁知我平生无泪比黄河。

颂橘诗成见苦辛,国中荡荡更无人。

"颂橘"看似是指先生的旧友曾履川,但实则又不是。若是指曾履川的话,曾履川的诗,称得上"国中荡荡更无人"吗?

曾履川《颂橘庐诗存》曰:

> 横风破海轩层波,愁来高诵昌黎歌。
> 车攻吉今日不作,望古魂梦伤如何?
> 雄文法物震廊庙,龙蟠蛇屈森矛戈。
> 字奇语重烂金石,缘文丹篆宁能磨。
> 神风海上忽引送,长鲸万怪森包罗。
> 北斗莹莹插霄汉,昆仑万仞何嵯峨。

经查找搜索,没有发现其他对曾履川《颂橘庐诗存》的评议,也就只有乔大壮的这句"颂橘诗成见苦辛,国中荡荡更无人"。说的是从履川的诗中感到他的苦辛,国中没有人的诗比他更见苦辛的了。曾履川的此诗确实大气磅礴,但诗中却不见物。乔大壮评议"苦辛"二字,非常恰当,但以"国中荡荡更无人"评议,不管褒还是贬,显然都过了。我想,对于友人,这应该不是乔大壮的本意。可以看出,乔大壮的"国中荡荡更无人"句,并不是针对曾履川颂橘诗而说的。那么,乔的本意是什么呢?

显而易见,这里的"颂橘诗",不是指曾履川的诗。我认为,乔先生这里是指屈原的《橘颂诗》。

屈原是战国时期楚国著名诗人,是中国历史上第一位伟大的爱国诗人,

《橘颂》是屈原借物抒志，以物写人，抒发志士仁人爱国思想的作品，是屈原忠贞爱国之心的表达。屈原以诗明志的《橘颂》，才称得上"国中荡荡更无人"。这里，先生借旧友"颂橘"之名，隐屈原"橘颂"之实，这是先生高明的借喻隐喻写作手法的表现。

若把"颂橘诗"理解为曾履川，"国中荡荡更无人"是对曾履川的赞美的话，整诗在内容上就呈现两种不能调和的内容，就像油和水装在一个瓶里一样。因此，这里应是乔翁借友颂橘之名而表达屈原橘颂之意，如此整诗在内容上才是天衣无缝、浑然一体的。

由此，我认为，此联句是说，像屈原这样的爱国爱民人士，此时的中国，哪里去寻找？乔先生借此暗暗表达了自己的拳拳爱国之心，效屈投江之志。

此行不是无期别，试向初平觅道真。

"无期别"，我的死，不会也不是一死了之，是会唤醒人们的。我是以我的死，去寻找天下的太平，家国的安宁，人民的和睦，去"觅道真"。此行不是无期别，我不是无缘无故地去死，我以我死，去唤起国人的觉醒，我是以我的死，去寻找家国和平和睦之道路。

此联句是说，我的死不是无期别，总有一天会唤醒国人，会寻找到国家太平、天下安宁、人民安康之真正道路的。

白刘往往敌曹刘，邺下江东各献酬。

有人认为"白刘"指白居易、刘禹锡，"曹刘"指曹植、刘祯，这里说的是怎么回事，我不解，诚向各位专家求教。

不过，我有这样的理解，"白刘往往敌曹刘，邺下江东各献酬"句，不管是说什么内容，都与三首诗的内容不协调不搭边。

著名歌手刘欢唱过一首歌，名叫《心中的太阳》："天上有个太阳，水中有个月亮，我不知道，哪个更圆，哪个更亮；山上有棵小树，山下有棵大树，我不知道，哪个更大，哪个更高。下雪啦，天晴啦，下雪别忘穿棉袄，天晴别忘戴草帽。"歌词前两句中的太阳月亮小树大树，唱的是那个年代心中的彷徨，后两句穿棉袄戴草帽则是生活大实话，其内容上完全不与太阳月亮小树大树搭边，但是以生活大实话继续渲染心中的彷徨情绪。

我感到，先生的"白刘往往敌曹刘，邺下江东各献酬"句，也许就像上述这段歌词一样，先生在这里以某个故事或"大实话"渲染此时的"为此题诗真绝命"的内心情感。内容上可以不搭边际，但诗意却在继续渲染。因此说，"白刘往往敌曹刘，邺下江东各献酬"说的是什么内容，都不重要了。

为此题诗真绝命，潇潇暮雨在苏州。

先生在写了上联句后，忽然感到自己没话可说了，不禁感叹"为此题诗真绝命"，再也写不下去了，也释然了。转身看看今晚苏州的景色吧，暮色中，天下雨了，盛夏的苏州河边，该是有了一片凉意……

此联句，是先生告别于世的最后两句，为此题诗真绝命，与其说先生感叹"题诗"真绝命，不如说先生在感叹人生的真绝命！潇潇暮雨在苏州，先生把最后一句诗，留在了苏州。暮雨中的苏州河畔，留下了先生悄然而去的最后背影。

从整体来看，"恨"是贯穿三首诗的核心。三首诗都围绕这一核心展开，描写心境。很清楚很明显，乔大壮先生是带着悲怆之情、满腔愤恨，效屈投江自尽的。

乔先生三首诗的灵魂之处在于，虽然充满了求死之意，但先生认为这不是他的"无期别"，是他以一种独特的方式在"觅道真"，去鞭挞时局唤醒国人，展现了先生无我的爱国之心。先生效屈投江，抒发了爱国爱民之情，表达了天下太平、家国和睦之心愿，这是三首诗的高贵之处，灵魂之所在。

乔先生的三首诗里，没有一丁点对新旧社会意识的彷徨，没有生活陷入困境生存不下去的哀鸣，更没有"自杀乃常事"之心理表露。诗中充满了先生以死明志和爱国爱民之情，字字句句都是先生的真实感情，从诗中看不出先生还有其他死因。

马小弥在文章中写道："许寿裳先生来时，常碰见爸爸和乔大壮先生端着酒盅，在那里互诉衷肠，抨击时政，痛骂国民党。"可以看出，不光是乔大壮先生恨时局，当时整个中国的知识分子界、文化界，都在恨时局，抨击政府。因此，乔大壮的恨，是有代表性的，他的投江自尽，是民国时期知识分子对政府愤恨的极端表现。

"横眉冷对千夫指，俯首甘为孺子牛。"这是好友鲁迅的名句，不也是对乔先生爱憎分明高贵品质的概括吗？"平生无泪比黄河"，这何尝不是乔大壮一代文化人，在民国时期的悲怆写照！

压垮乔先生的最后一根稻草

尽管乔先生写诗表露了自己要死的心声，尽管乔先生有"死也要死在大陆"的语言，尽管乔先生从台湾回到了上海南京，但他回来的目的并不是寻死。然而，乔先生回到大陆一月余，还是投江自尽了，那么，压垮乔先生的最后一根稻草是什么呢？

台静农《记波外翁》中有这样一段记载：

六月六日波外翁来信说：到了上海已经十日，住在僻左，宜于摄养，学期试题，已交给彭军带回，校中如有近闻，希望告诉自己。

可以看出，乔先生回到上海后，还心系台大，还不时急切地关心着台大的教学工作，还要台静农随时告诉他台大的情况，这说明，乔并不是回上海后就一心想死，不再回台大了。

从乔关心台大的信中可看出，若台大有事，他还是要回去的。若台大六月发来下学期的续聘书，乔一定是要回去上任的。

可是，乔到六月底，并没有接到聘书，作为一位资深的词学教授，新上任不久的台大中文系主任，无论如何，人格上是接受不了这样的打击的。

已经有死的意向，有国恨家辱的情感交织，台大的未续聘，就成了压垮乔大壮先生的最后一根稻草。

乔大壮，一代民国时期爱国知识分子文化人的代表，就这样投江了。

就乔大壮之死因，四川历史学会谭继和会长曾有评述。以下是谭会长在"乔大壮研究"微信群里的评述内容（如图12-5所示）：

当时的纪念文章，非常可贵，且情真意切，出自肺腑。看来大壮先生是因国家时局而自尽，尤其是二儿子与大儿子之间在皆不知情的情况下被指挥陷入内战，甚至想象时空自相残杀。放大来看正是中国人内部之间的矛盾，这是当时解不开的危害众生的时局矛盾，与利益众生的宗旨相悖逆，家国情怀又兼学者立场，在当时风雨如磐，黑云压城之历史转折关头，忧患意识为一生，公忠国家民族为第一的书生气立场，是这个矛盾纠结永远无解的难题。所谓家庭无助，急病发作，皆自我托辞，亦为他人猜测之辞。所以，他的自尽的真实原因，应该是家国疮痍与民间疾苦，光明中国与黑暗中国在书生立场上是纠结无解的，看不到家国前途，叹息肠内热而引起的。历史不能假设，但他1948年从台湾回到大陆，就是这个自杀情怀的证明。如果不回来，岂不是另外一番景象？

老去分明托世波的世字，还应是"逝"字。逝波者，子在川上曰逝者如斯夫之意也。

孤身一人生活原因是近因，是现实刺激，是触发因素，确也是如此。但有他长远本质的原因。有书生意气，挥斥方道的一面，也有书生的人生忧患识字始的另一面。

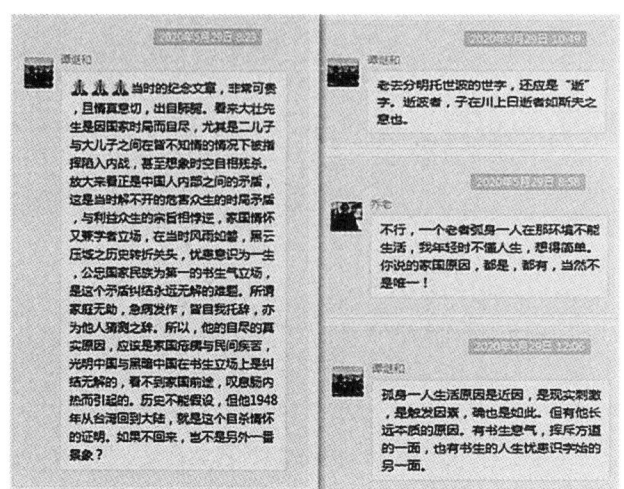

图 12-5　谭继和、乔老（乔大壮之子乔新）微信截图

文史专家、《乔大壮人物研究》一书顾问陈伟芳先生，在《重瘗乔公大壮先生祭辞》中评议道："先生清门之后，耿介之士，秉性高洁，古道照人。先生拳拳之家国情怀，伤时悲心。戊子夏月，怀沙沉璧，揖朴归真，一掷清流终胜污尘。"（如图 12-6 所示）

图 12-6　陈伟芳撰书《重瘗乔公大壮先生祭辞》

第三篇
擦耳岩往事风云

民国时期的擦耳岩有"小成都"之称,王家、吴家、覃家都是当时擦耳岩有名的家族。新中国成立之前,当地匪患严重,袍哥数量众多。擦耳岩曾是地下党掩护学生的重要地点,党组织在这里开展了一系列革命活动。20世纪40年代末50年代初,土匪叛乱血洗擦耳岩,解放军镇压叛匪后,新时代终于来临。

第十三章
民国时期的擦耳岩

本章提要：民国时期的擦耳岩，是热闹纷繁的川西坝子中心集镇，物资交流频繁，商贸丰盛，茶馆饭店酒肆，评书围鼓川戏，应有尽有，和尚尼姑道士做道场，处处可见。最重要的是，这里离成都近，受成都政治文化等影响，素有"小成都"之称。

一、街道商铺

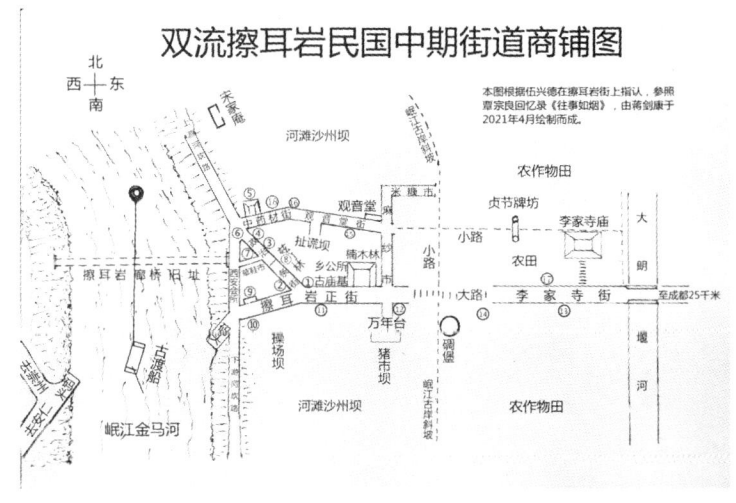

图 13-1 民国时期擦耳岩街道及商铺图

注：①徐茂森米铺；②徐茂森茶铺；③伍兴德家茶铺；④李善培家茶铺；⑤覃宗良二爸家茶铺；⑥覃宗良家饭店；⑦徐少南郁金子收购加工铺；⑧李静波三间铺面；⑨长庚旅店；⑩艾洪顺郁金子收购加工铺；⑪李白清旅店；⑫人家旅店；⑬康家饭店（旅店）；⑭石灰市；⑮陈酱油铺；⑯消防缸；⑱李少甫茶铺；⑱李崇蒿铺面。

根据《双流县志》记载，擦耳岩有市房 95 间。根据擦耳岩老人伍兴德在擦耳岩街上的指认，并参照覃宗良①所写的《往事如烟》，笔者绘制了民国时期擦耳岩街道及商铺图（如图 13-1 所示）。

紧靠金马河的擦耳岩街镇，以前是个什么样的场镇？据老一辈人说，20 世纪 30 年代之前的街镇比后来的规模要大许多。但在 1933 年的叠溪洪水后，只保留一半左右，一部分居民搬到李家寺，一部分搬往河对岸听江村，一分为三了。

覃宗良说："有个姓曾的木匠家，原与我家同街，这次洪水之后就把曾大木匠和曾二木匠两弟兄隔开了，分别住在听江村和李家寺，各自安家，来往非常不便。"这也是个证明。民国二十二年（1933）8 月 25 日，岷江上游茂县叠溪城发生了 7.5 级大地震，剧烈震动持续一分钟，地上到处出现大裂缝，忽开忽合，从中喷出黄色烟雾，直冲云霄。地震后，古叠溪城毁灭，城东有个城隍庙，断柱颓梁，为全城唯一的残留建筑物。地震造成的山崩使岷江三处堵塞，成为三大堰塞湖。这三湖使岷江断流 43 天，江水逆流 20 多公里。地震后 45 天，即 10 月 9 日堤坝溃决，洪峰冲到 120 公里外的茂汶县，再通过都江堰外江，10 日下午顺金马河到达擦耳岩，直冲至距叠溪城 260 公里的乐山县。如此洪峰，使紧靠金马河的擦耳岩遭到了灭顶之灾，才有后来一分为三的格局。

覃宗良说："虽然如此，我所见到的劫后的擦耳岩，规模仍然不太小，街道和巷道有十多条，其中两条主要街道成'丁'字形，丁字口是最繁华热闹的地方。这两条街即使闲天也有许多商店开门营业。其他街道虽然偏背，一到逢场都成为闹市。几条主要街道都是清一色的瓦房，门面由可拆卸的木板镶成。尤其那条正街，宽阔笔直，门前还留一段带瓦顶的阶檐，供摆摊及行人遮雨、遮阳之用。如果逢年过节或什么喜庆日子，多数人家门口宫灯高挂，景象相当气派。除此而外，我觉得它仍有许多旧迹是值得追忆的。"

---

① 覃宗良，擦耳岩人，1938 年生，是新中国成立后当地的第一位大学生，2020 年 12 月在天津逝世。

图 13-2 擦耳岩岔口街道

(一) 擦耳岩正街

这是由成都西出双流彭镇的大路,由李家寺街东来,进擦耳岩街到岷江金马河渡口,过河去崇州、大邑、邛崃等。擦耳岩正街,是擦耳岩的主要街道,街上主要商铺是饭馆旅店,如长庚旅店、李白清旅店、人家旅店、李家寺街上的康家饭店(旅店)等,还有徐茂森米铺、艾洪顺郁金子中药材收购加工铺、李家寺西场口的石灰铺等其他商铺。

图 13-3 擦耳岩正街

正街宽阔笔直,房屋整齐划一,地面平坦,各色店铺鳞次栉比,逢场最为热闹。因是成都西来去崇州等地的主路,过往人多,闲天也不冷清。民国时期,街上设有乡公所,大门很气派,青天白日旗高悬门上。

据《双流县志》(1911—1985)记载:"双(流)崇(庆)路,始建时名成(都)崇(庆)路,自城关(双流城关)镇东川藏路起,经彭镇、擦耳岩,渡金马河至崇庆县,县境长 12 千米。此路建于 1928 年(民国十七年)。"[①]

可见,擦耳岩一直是成都至崇州、大邑、邛崃的古路街镇,正街以前名为"成崇路",后来才叫"双崇路"。

图 13-4　擦耳岩正街街道,即双崇路,原为成崇路

(二)政治一条街

擦耳岩正街中间的主要岔口,形成丁字形街口,这条街斜斜地通到金马河上游,街长约 200 米。街上住家户是比较有身份的,包括一些舵把子、袍哥大爷和保长在内。这条街上茶铺较多,其中以陈汉波、徐茂森和伍晓轩三家茶馆最有特色,它们构成了擦耳岩特殊的一道风景线。

图 13-5　旧时的擦耳岩政治一条街,两边原有多家茶铺

---

① 成都市双流区地方志编纂委员会:《双流县志》(1911—1985),四川科学技术出版社,2016 年版,第 282~283 页。

为什么这条街成为"政治一条街"？这是因为擦耳岩的舵把子袍哥们喜欢在这条街吃茶摆龙门阵，而且最爱摆有关成都的政治类龙门阵等，因此这里就成了"政治一条街"，擦耳岩也因此有了"小成都"之称。

袍哥喜欢坐茶馆，作家王迪在他的《茶馆》里总结了五点原因：

> 为什么袍哥喜欢以茶馆为基地呢？首先，政府从来就没有能力对茶馆进行全面控制，即使制定了不少禁止袍哥的规则，也未能认真执行。第二，茶馆是袍哥聚会和社会交往最方便的地方。第三，只要袍哥不给当局惹麻烦，政府和警察实际上对袍哥活动采取睁只眼闭只眼的态度。第四，虽然茶馆是公共场所，但热闹的气氛、三教九流的混杂可能更有利于秘密活动，在一个拥挤的茶馆里，袍哥的接头反而不大引人注意，他们更觉得安全。第五，在公共空间进行与同党的联系，策划各种秘密行动，如果事情暴露，也不容易使家人受到牵连。①

在四川，茶馆就是社会公共空间，袍哥以此为码头或公口。从这层意义上说，袍哥还带动了茶馆的繁荣，因为他们不仅自己开办了不少茶馆，而且还为很多茶馆提供保护，再加上他们以茶馆为据点，在那里联络、聚集和开会，给茶馆带来可观的客源。

凡袍哥都有码头，码头就设置在大大小小的茶馆内，所以茶馆也是他们交流信息的重要活动场所。袍哥之间的江湖黑话形式之一就是"摆茶碗阵"：当袍哥成员进入茶馆以后，找一张空桌坐下。等到茶端上来后，不会急着喝茶，而将茶盖放在茶托上，一声不吭地坐着，表示在等人。堂倌通过其姿势发现对方可能是袍哥成员，于是用约定俗成的方式进行询问核实，然后再上报给自己的管事。

去茶馆"吃讲茶"也是袍哥江湖中的一种默契。"吃讲茶"就是袍哥之间有了冲突以后，会到茶馆去评理讲和，用茶馆代替法庭，所以那时候的茶馆也被称为"民间法院"。例如，张三和李四有了纠纷要上茶馆进行调解，就由他们俩请出当地有头面的人物王二麻子进行仲裁。张三和李四经过一番舌战讲清事情缘故，最后由袍哥大爷王二麻子评是非。如果双方都有不对的地方，就需要各付一半茶钱；如果一方理亏就认输赔礼付茶钱。有一句俗语：一张桌子四只脚，说得脱就走得脱。

---

① 王迪：《茶馆》，社会科学文献出版社，2010年版，第330页。

图 13-6 "摆茶碗阵""吃讲茶"的茶客

陈氏茶馆,即陈汉波所开茶馆,这里是袍哥们经常聚会的地方,对门的袍哥大爷李善培,几乎每天叼着长烟杆过来喝茶,其他舵把子、闲大爷们常来作陪,兄弟伙们则在后院里打牌、掷骰子,吆五喝六。这里也经常"讲理性断案",李善培等就是公断人。

徐氏茶馆,即徐茂森所开茶馆,在正街岔口处,成都距擦耳岩50里,清早上路,中午就到擦耳岩,正是过路客歇脚的时候,徐氏茶馆就成了过路客喝茶休息的好茶铺。于是,这里也就成了每天外来奇闻逸事传播的地方。

图 13-7 川西茶铺有身份的茶客/引自王笛《袍哥》

伍氏茶馆，即伍兴德①之父伍晓轩所开茶铺。茶铺古旧简陋，高方桌，长板凳，具有浓厚的地方风味，乡上五老七贤也爱来这里聚头。来的主要是一些老街坊，包括太医、道士、生意人等，还有附近乡下的小绅粮们。除了打牌，就是品茶聊天，无所不谈，政治气氛较浓。每天外来的奇闻逸事，一杆烟的功夫就会从徐茂森茶铺传到这里来。擦耳岩属双流西域边缘，过河就是崇州，因此这里基本不受"莫谈国事"的约束。五老七贤们向来颇关心国家大事，知道的事情不少，从防区时代的军阀混战，到抗日战争，一直到当时的内战，都是他们热烈讨论的话题。尤其是内战，不少人忧心忡忡。中央红军长征时，就路过川南川西一些地方，同时红四方面军打进川北，引起全川震动，他们记忆犹新，当时就知道了"朱毛"和张国焘、徐向前的大名。如今内战全面爆发，红军是不是又要打回四川来呢？按国民党当局的宣传，共产党要"共产共妻"，红军是一群"杀人放火"的"强盗"，故而他们疑惧重重，不希望共产党得势。也有人觉得用不着担心，抗战时期日本人始终进不了四川，共产党还能打进来吗？其实，就在他们高谈阔论之际，共产党人已经出现在他们的眼皮底下了，只是没有人察觉罢了。

图 13-8　川西茶铺/引自王笛《袍哥》

因擦耳岩属政府鞭长莫及难管之地，大谈国事与政治就成了这条街的特色，擦耳岩始终与成都保持政治风气畅通，因此有"小成都"之称。

---

① 伍兴德，擦耳岩人，1937 年生，新中国成立后在成都读职业学校并参加工作，现为双流区诗词楹联学会名誉会长。

图 13-9　现在的擦耳岩茶铺

在我的记忆里,这条街上,有一家小人书店,一分钱看一本。而坐在书店里看书的小朋友,才不那么老实,趁书店老板不注意,就把别人看完了的书交换过来看,进一次书店,要看三四本书后,才依依不舍地走人。

别小看了小人书店,它是那时青少年唯一的课外读物园地。我在这里读到了三国刘备曹操等历史故事,读到了小人国里的大人遭遇等幻想故事,更读到了十万个为什么的故事等。对于那个年代的我们,这无疑是了解世界的启蒙教育。

图 13-10　川西平原乡镇上的小人书店/引自网络

擦耳岩正街上,有多家饭店,来吃饭的主要是推鸡公车、挑担的力夫等。一般他们都吃得很简单。

图 13-11　在饭店吃饭的力夫/引自网络

图 13-12　百货铺/引自网络

擦耳岩的百货铺中，主要有为过路人准备的草鞋，很显眼地挂在铺子上方。

（三）中药材街

擦耳岩街的西北段，有一段百来米的街，是擦耳岩的中药材市场，逢场人多，是专门为种植中药材的药农和外地来采购的药商设的。

擦耳岩的特产是郁金，还有川芎、黄檗等中药材，主要种在含沙量较大的下游河坝里。常有货船来收购，顺流外运宜宾、重庆、武汉等商埠，然后转运广州、香港等地，甚至出口东南亚。其中郁金最负盛名，形、色、味俱佳，尤以黄丝郁金闻名，为全国之冠，与温州、广西的同类产品相比，因有内胆，药效更佳，故在国际市场上更畅销。新中国成立初期，这些中药材的生产和贸易仍然持续，比较兴旺。

（四）观音堂街

此街东头有座观音堂，因此叫观音堂街。西头靠金马河有个太平缸。观音堂大，也很古旧，观音菩萨香火很盛，主要是街上和远近的妇女们前来进香许愿。太平缸是青灰和鹅卵石砌成的高约一米，面积六七平方米的长方形水池，据说是用来蓄水防火保"太平"的。可是，擦耳岩解放初期的一次平叛战斗中，此缸丝毫不起作用，战火偏偏只烧掉这条街。

图13-13　川西乡镇赶场天/引自王笛《袍哥》

（五）草鞋市

西安会馆旁边，有一条较小的街巷，从河边通到"政治一条街"的伍家茶铺，这里平时有一两家卖草鞋的农户，逢场人就多了。除卖草鞋外，还有卖竹篱货的。

（六）米糠麻纱市街

一个直角弯街，逢场三、六、十，就是农民卖米糠、麻纱的街市。麻纱是大麻皮制成，大麻是当地的一大特产，质量颇佳。这种大麻并非现在所说的毒品"大麻"，而是草本植物，在田里长得很茂密。它的茎皮可剥下用来制绳，更可绞成较细的麻纱用来织布，最常见的是做麻袋，故销路很广。

图 13-14 川西乡镇农民卖米/引自王笛《袍哥》

(七) 西安会馆

据擦耳岩老人伍兴德等说,从前正街的背后,面朝金马河有座庙宇,原名"西安会馆"。庙里有十多尊菩萨,右廊下的两座是关公和张飞,塑得精致雄壮。关公是历史上的"武圣人",是四川袍哥最崇拜的偶像。

关公庙是一种民间传统文化载体。关公是一种文化现象,一种精神寄托。关公名关羽,字云长,因辅佐刘备完成大业,被后人推举为"忠""信""义""勇"集于一身的道德楷模,并成了中国封建社会后期上至帝王将相,下至士农工商广泛顶礼膜拜的神圣偶像。擦耳岩的西安会馆关公庙,说明了擦耳岩这座商贸兴盛、街市繁荣的乡镇,人们的从事信则和崇尚精神,这是擦耳岩人的一种基本信仰。

西安会馆建于何时无考,毁于1933年的叠溪洪水。

覃宗良老人说,有一年袍哥码头特意请了画师把庙宇修饰一新,身后墙壁上的"古城桥下斩蔡阳"的壁画也重新描了,更显得辉煌光彩。但此庙因无大佛、观音等,香火不盛,也无和尚及看守庙祝,只在庙后夹巷里住着个打更匠。有时外地叫花子来,就以此庙作暂时栖身之所。那个夹巷里还排列着好些较小的菩萨，据说此庙原来规模较大，被1933年那次特大洪水吞去一大半，这些小菩萨就是那时被抢救出来的，更多的大菩萨就搬不动搬不走了。有一次我坐在庙门口河堤上，很清楚地看见流水深处还留下一些木桩和墙基，肯定就是洪水浩劫后庙宇留下的遗址。新中国成立后，此庙进一步被洪水洗劫，剩余部分改建为县水利局金马河管理站。

（八）观音堂

《双流县志》（民国版）记载："观音堂，在治西二十里。古刹也，咸丰年间建，庠生吴勋重修。"①

观音堂在擦耳岩街北，庙堂大，香火很盛，擦耳岩解放初期的一次平叛战斗中，战火烧掉了这条街。观音堂被烧，菩萨也自身难保，一起化为灰烬。

（九）擦耳岩街古庙址

《双流县志》（民国版）记载："治西二十里擦耳崖场中，旧有古庙基址，纵目盈亩。宣统时，乡正吴丹阳请设团务分局于此，募建正厅三间，及局门左右铺面三间。古庙虽废已久，附此以备考核。"②

这里一直是擦耳岩的"乡公所"，是新中国成立后的乡政府、人民公社时期的政府所在地。内为四合院，大堂很大很宽敞。在我的记忆中，这里一直是公社的大会堂。我初中毕业回农村后，当了生产队长，常在这里参加公社的会议。

（十）李家寺庙

李家寺是座规模宏大的宝刹，隐藏于楠木林中，寺庙有殿堂无数，大小菩萨上百座，都塑得庄严肃穆，栩栩如生。尤其大雄宝殿那尊如来佛，极其高大，全身好像镀了一层金似的，金碧辉煌。整个庙宇浓荫蔽日，两株大楠木树已有几百年的历史，其中一株硕大无朋，要好几人才能合围。

李家寺原名云峰寺，属古刹。《四川历代方志集成》记载："云峰寺，在治西二十里。明万历间建。清康熙八年，僧清株修，更名李家寺，并修寺东万寿

---

① 双流县旧志丛书整理委员会：《双流县志》（民国版），中国文史出版社，2014年版，第42页。
② 双流县旧志丛书整理委员会：《双流县志》（民国版），中国文史出版社，2014年版，第47页。

桥。乾隆六十年，僧方山重修。"①

可见，李家寺庙在明朝就已建成，并于清康熙年间在寺庙旁的大朗堰河上建了座砖桥，即李家寺东头的桥，起名万寿桥，后名云峰桥。

李家寺原有和尚多人，住持姓王。

李家寺庙宇前，有个大场坝，供庙会活动之用。进大门，是灵宫殿，顶上有阁楼，还有若干小菩萨。再进去是一个宽敞的天井，左右两边各有一株大楠木树，高大挺拔，苍然翁郁，几里路外都能看见它们的繁茂枝叶。进入天王殿，宽敞的庙堂里有四大天王。从天王殿左右两侧门进到后面，是一个相当大的四合院，中间的天井大约一亩，两侧殿堂供有菩萨若干，正面是大雄宝殿，供有天王大菩萨，两旁有较小菩萨守持。整座庙宇呈两个四合院一进再二进型，显得庄严而神秘。

图13-15　庙宇森森/引自网络

民国时，李家寺庙宇的前面改成了公立小学。1958年后成为擦耳公办小学，1966年学校扩展改造，庙里菩萨被打烂后就地"活埋"，1969年升格为擦耳中学校，改革开放后，为了发展经济，这里为办乡镇企业用，擦耳中学搬到了擦耳岩下游的河坝。就此，云峰寺庙宇彻底消失，而李家寺也就成为一个街道名称了。

庙宇的存在，说明擦耳岩街镇的历史悠久，规模较大，居民众多。尤其是关公会馆的存在，更是反映出街镇和居民都达到了一定规模。它是在有钱有势

---

①　四川省地方志编纂委员会：《四川历代方志集成》（第二辑·7），国家图书出版社，2015年版，第40页。

之人的主持下修建的，目的是教化本街镇的人们像关公一样重义气、守道德。这一带除彭镇有关公庙外，就只有擦耳岩街镇建有关公庙了。由此可见擦耳岩在清朝前的规模。

（十一）河边渡口

岷江金马河边，是擦耳岩的最主要景观点，有事无事，都有一大群人站在河边，观赏金马河。夏秋观看河面宽阔水急浪涌，观看渡船在激浪中来来回回；冬春观看干枯的金马河中，来往人流如蚂蚁般，从河中一处临时竹木桥上穿行。

金马河夏秋水量充沛，主要靠渡船载客。渡口大小几个，大船渡口是主要"码头"，一次能载百人左右，由竹篾拧成的长长的"牵籐"牵挂着岸头与大船，顺水摆渡，既安全又省力。但大水时节常有翻船事故，大船也难幸免，最严重的是1940年夏，一次翻船就淹死"八十三个半"，至于"半"个是谁，据说是一孕妇腹中的胎儿。这是震撼全川的水上交通事故，为此，河西九保的小学教员刘达通编了一本快板书，虽然只算唱本"耍书"，但其音韵铿锵、含义深刻，既描述了当时的翻船情景，也表达了对当地政府管理无能的怨愤，有相当的史料价值。这本快板书迅速风靡金马河两岸若干县，人们视为珍品争相抢购，刘达通也因此名声大噪，享誉全乡。

（十二）楼子桥址

清末，擦耳岩金马河上有座48间桥楼的廊桥，俗称"楼子桥"，桥址在擦耳岩西安会所偏上点。据记载，桥的全称为"四川双流县擦耳岩西安大桥"，长约200米，建于1890年，1896年被洪水冲毁。桥墩为石垒基座，由三根大木柱支撑，桥面为木柱龙骨，木板铺面，木桥栏，桥栏有坐板，桥上盖顶，属于昼夜可通行的风雨桥。

此桥可谓川西坝子第一廊桥，1896年初，英国女摄影师为此桥拍下了照片，后来照片被载入中国的第一本风景画册《中国名胜》，扬名海外。

从照片上可看到，长长的古朴廊桥，高高的桥脚，清清的水面倒影，静静的廊桥头，落了叶的老榕树，桥头密集的房顶……真是一幅优雅恬静的川西风景画（相关内容可参看拙著《认识金马河》及本书第四章）。

（十三）万年台

场镇东头有个戏台子，称"万年台"，常有戏班子来唱川戏，一唱就是十天半月。看川戏是乡人的一大娱乐方式，远近十几里的人都闻讯而来，比过节还热闹。万年台是宫殿式结构，飞檐流丹，相当壮观。台下称"台子坝"，够几百人甚至上千人站着看，既无包厢，也无茶座，街上居民就自带凳子去。平常这坝子逢场时作猪市用，遍地是猪的屎尿，有些捡狗屎的人也来捡猪屎。

（十四）扯谎坝

擦耳岩街市中间，有个"扯谎坝"，逢场日子最热闹。看相拆字的，卖跌打药、狗皮膏药的，耍猴戏、耍魔术的，等等，九流三教的都集中在这里。虽然人们叫它"扯谎坝"，但凑热闹的人总是络绎不绝，生意比较兴隆。它的存在，为擦耳岩又增添了一抹地方色彩。新中国成立后，这一市场与赌场一起被取缔。

（十五）场伙上

场镇中心有处较大的竹林盘，是乡上最大的赌场，称"场伙上"，紧挨"扯谎坝"，是当时擦耳岩的一大特色，逢场格外热闹，本地、外地赌客纷纷前来。赌场中心是推牌九的，赌注较大，其他都是掷骰子、压"人儿宝"的，赌注较小。这里是袍哥和黑社会活动的重要场所，因此，常发生打架斗殴甚至动刀动枪的现象，有一次就打死一个外地人。新中国成立后，赌场被取缔，林盘分给了居民，主要部分归入乡公所。

（十六）操场坝

场镇南端不远处的河边上，即西安渡口下边约100米处，原有一个操场坝，用沙土和碎石铺成，上面长着一层野草，比较宽广平坦。抗战时期常在这里训练壮丁，当地的地方武装和受训百姓也常在这里出操。擦耳岩解放初期平叛后，这里开过几次公审大会，处决了一批犯人，之后又作为开"农会"等各种庆祝大会和放露天电影的广场。我和当地一批青少年曾多次来这里凑热闹，参加扭秧歌、打腰鼓等表演活动。后来，这个坝子连同河坝里的一大批良田都被洪水冲毁了，原址在现在的桥头附近。

（十七）贞节牌坊

在北端那条小街的场口上，原有一条较宽而且比较高的小路直通李家寺大朗河边。路边长满野草，每逢下大雨，因那条马路泥泞坑洼不好走，我们就走这条比较好走的小路去李家寺小学上学。路的中段有一座"骑路牌坊"，古朴高大，精巧别致，全用红丹石砌成，是若干年前本地某李家大族为一个覃氏女立的贞节牌坊，其上部刻有一栏文字，记述了这个覃氏女的贞节事迹。她生活在晚清时期，是李家寺地主、大舵把子李致和的幺祖辈。自她嫁到李家后，孝顺公婆、相夫教子，并勤于家务。但不幸丈夫早逝，从此不再嫁人，一直支撑着这个家庭。由于她善于节俭理财，使这支李家在当地由小康而致富，直到她老年安然去世，在乡里甚至全县留下了极好的口碑。因此，李氏家族通过县府、省府上报朝廷，得到批准，就为她立了这个牌坊，作为永久的纪念。

图 13-16　贞节牌坊/引自网络

据覃宗良老人回忆，覃氏贞节牌坊说明覃家与这支李家有亲戚关系，后来相互的称呼就是证据。覃氏贞节牌坊是整个双流唯一的一座贞节牌坊。在封建社会里，据说进士家庭才有资格立，它成了故乡非常珍贵的一处文物古迹。初立牌坊时，这条小路还比较宽，近于后来新修的那条大马路。但由于两边田亩不断扩展侵蚀，这条路日渐窄了，它才成了"骑路牌坊"。可惜，这牌坊后来被拆毁了，红丹石用来修桥铺路，这条路也变得更窄，已不是路了，而是一般的小田坎。

（十八）碉堡坡坡

碉堡坡坡是擦耳岩东场口上的一道斜斜的软脚坡，坡上修有碉堡。经考察，1932 年 10 月，四川发生了最大也是最后的一次军阀大战，刘湘与刘文辉为了争夺四川王而互相攻打。此次大战史称"岷江战役"。刘文辉为了阻止刘湘，在成都平原的岷江金马河沿岸修建工事，在擦耳岩东场口坡上修了座碉堡，后来人们就把这里称为"碉堡坡坡"。

二、本地特产

（一）金马河麸金

麸金（fū jīn），碎薄如麸子的金子。《古矿志》记载，金马河有麸金。传说古代有个仙人涉水过河，骑的是一匹金马，马身上的金粉洒遍河中，这条河因此就叫"金马河"。虽然这故事是杜撰的，但这条河中的沙子确实有较高的含金量，抓一把在手里，就能看见一些刺眼的金色。原来，岷江上游松潘扎尔古地区，有一座金矿，清朝和民国政府都知道，但因当时技术落后无能为力，加上内忧外患更无暇顾及。据说川西不少人想发财纷纷前去探试过，包括我们街上的一个姓严的大爷在内，但都无功而返。因为一般块状金子，很难在地面上和不太深的地下找到，只能看见岷江水底及岸边分布有沙金。因此，故乡金马河的沙金，就是岷江上游冲下来的，千年万年连续不断。我小时候常见到岸边有淘沙金的人，方法很原始，效率不太高，未看见他们淘出的沙金是什么样子。如果用现代化的方法去淘，一定能创造巨大的财富。可惜后来对沙石漫无计划地开采，几乎挖空了，开采的沙石只能用来建房修路，其中大量的沙金全浪费了。随着生态环境恶化，水资源枯竭，岷江上游沙金的供应也就断档了。

金马河沿河一带，曾经有不少村民在手工淘取沙金。在河滩地找有沙金的地方，那得全凭经验。时间选在涨水后，有沙金的地块，土质较硬，一般水冲不走。淘取沙金，一般需要多人配合。如果是一个人的话，就需要一个刻有槽的木板，把挖起来的沙子倒在上面，再放入水中来回摇动，沙子随水摇走，金子由于密度大会沉积在槽内。等收集多了就用淘金盆拿到水里淘洗，由于金比重大，会沉于底，大点的金子可以用镊子夹出，小的一般就用水银来提取了。多时，一天可淘沙金好几克。

说到淘沙金时使用的刻有槽的木板，据说用棺材板刻槽做成的木板，对沙金的吸附力极强，至于真实与否，无人考证。不过，当年确有村民在用这样的木板淘取沙金。

（二）郁金子

《双流县志》记载，擦耳岩特产郁京子（郁金）。郁金，别名玉京子，或曰姜黄。因其气香而性轻扬，能致达酒气高于远，治疗郁遏不能升；五行之中肺为金，其功可散肺金郁。故名郁金。

郁金在金马河沿岸曾广为种植，可与萝卜、玉米等农作物套种。一般农历四月初下种，农历六月花开，花期长达4至6个月，腊月下旬开始采挖药果，直至初春。亩产在300斤左右。

文史专家熊德成在其文章《双流郁金：一部千年沧桑史》中提及，双流擦耳岩金马河两岸种植的郁金，被《中国药典》列为珍品，蜚声国内外，享有"广玉京"的美誉（如图13-17所示）。擦耳岩郁金之所以享有美誉，奥妙就在于这里的郁金内有"胆"，其他地方的郁金则没有"胆"。而这个"胆"，不仅能行气、解郁、凉血、破瘀，还能抗衰老、提高免疫力等，更多新的药用价值尚在深入研究中。据熊德成的研究，擦耳岩种植郁金的历史有1350年了。

金马河两岸之所以适合种植郁金，是因为这里两千多年前是宽阔的古岷江，李冰修都江堰，形成内江分水后，古岷江河水量减少，两岸出现大量宽阔的河坝沙洲，经千百年河中大量腐殖质沉积后，特别适合种植郁金。双流境内及崇州三江镇一带的金马河边，就成了四川著名的郁金中药材特色种植地（如图13-18所示）。

不得不说，郁金种植，就是李冰修都江堰后带来的副产业。

此外，擦耳岩还广泛种植荆芥、白芷等中药材。

图13-17　郁金介绍及晒郁金子/引自《双流县地名录》

图 13-18　金马河双流段金桥镇种植在宽阔沙洲地的郁金

（三）屁扳虫

擦耳岩还有个中药材特产，是一种很不起眼但非常重要的虫子，大家称它为"屁扳虫"，而药书上称为"九香虫"。根据李时珍《本草纲目》中的描述，它除了营养丰富外，还对部分疾病有一定的疗效。金马河边及河滩上的鹅卵石下，每年都大量滋生这种虫子，只要扳开石头，它马上放屁，臭得你避而远之，这是它天生的自我保护能力，所以才有"屁扳虫"这个臭名。其实它全身都很香，所以得到"九香虫"这个符合实际的名称。覃宗良老人回忆，他小时候就吃过，先要用水泡一下，让它们放完屁后，再下锅干炒，炒熟后再放点盐，就可以抓进嘴里吃了，不但一点臭味没有，而且很香，更是一份下酒的佳肴。几十年后，听说故乡人又兴起过吃"屁扳虫"的风气，只听他们说好吃，不懂得药效如何。后来，金马河已面目全非，看不见多少鹅卵石，更由于水量小而难以恢复以前的自然环境，这种虫子可能不再大量滋生了。即使还有，随着人们生活水平的提高，对它大概也不屑一顾了。假如有人重视的话，可设法搞起一个"屁扳虫"养殖场，利用故乡优越的自然条件实行科学养殖，既作营养食品，又是中药材。

（四）栽桑养蚕

擦耳岩曾经是蚕丝之乡，养蚕业历史悠久，河坝里曾有一大片桑树林，为蚕提供了充分的桑叶饲料。桑树林虽然遭到1933年特大洪水的淹没，仍有一部分存活下来。新中国成立前，街上不少居民仍在养蚕，包括我家在内，我小时候就吃过炒熟的蚕蛹，富有营养。我也常去河坝里爬桑树摘桑葚来吃，青的较酸，发紫的很甜。我还见过一些家庭煮茧抽丝，制成麻花形、银白色的几斤重的丝卷，作为商品拿去卖。不远的簇桥，就是远近闻名的蚕丝集散地。

图 13-19　正在缫丝的裹脚妇女

1896 年，伊莎贝拉·伯德在川西坝子拍摄到农村家庭妇女缫丝。从图 13-19 中可见，缫丝的是位裹脚妇女，这是最原始的家庭缫丝过程：特制的炉灶，炉里烧木柴，锅里煮着蚕茧，当蚕丝起头后便捞起，绕过搭在架上的手指间，便被挽在另一只手转动的四方丝架上了，简单实用。图中可看出，这是从事缫丝的家庭个体户，说明川西坝子以前就有专门从事缫丝的传统，也说明缫丝是川西坝子由家庭个体汇集成的一项重要经济产业。

除上述特产外，擦耳岩地区属成都平原，水稻是最广泛的农作物。这里的农民，大多还是靠一年两季的农作物水稻和小麦过日子。

图 13-20　川西平原栽秧打谷/引自王笛《袍哥》

图 13-21　川西坝子捡粪放牛娃/引自王笛《袍哥》

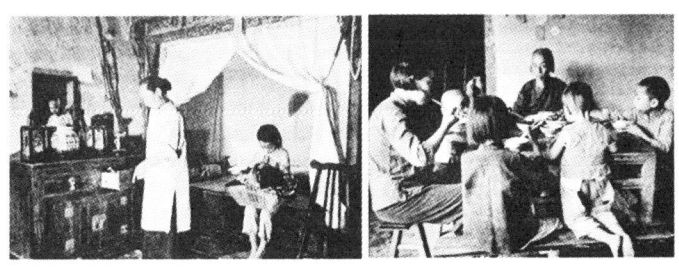

图 13-22　川西坝子一农户/引自王笛《袍哥》

三、街市人气

（一）人气兴旺

擦耳岩逢三、六、十赶场。由于物产丰饶，又有大批名特产，加之地理位置优越，擦耳岩成为双流西部最重要的商业场镇。民国时期，擦耳岩很繁荣。全街的茶铺有三四十家，饭馆、酒店各十多家，旅店七八家，它们往往深夜还开着，灯火辉煌。每家旅店门口都挂着一个长方形大灯笼，上面写着"未晚先投宿，鸡鸣早看天"等通俗诗句，往来投宿的客商和运夫是相当多的。一到逢场日子，大街小巷各个场坝都形成各种集市，如鸡市、猪市、糠市、米市、麻皮市、麻纱市、药材市、甘蔗市、草鞋市、竹箢市、柴草市等，一片繁荣景象。

（二）酒香茶浓

擦耳岩的茶铺、饭馆、酒店等，是具有浓厚地方特色的。老人们说，尽管现在的店铺继承了某些特色，仍远不如当年的风味。以前的老川味正宗，现在难以尝到；以前最普通的烧酒、香酒，现在的名酒等也难以相敌；以前的茶馆，是用金马河很清亮的水沏的茶，真正的河水香茶，现在的人更难吃到了。茶馆不仅卖茶，还是进行各种活动的舞台，除了麻将、纸牌等娱乐活动外，还有说评书、唱川戏围鼓、打金钱板、卖唱、卖水烟、卖香烟瓜子、卖假药、挖耳朵、挑牙虫、镶金牙、修脚趾等。更重要的是，在这里可进行重大的生意交易，是袍哥码头聚会和联络的地方，也是地方上"讲理性"（打官司）的场所。擦耳岩解放前夕，徐茂森的茶馆还用来建地下党联络站。总之，那阵子的茶馆，功能繁多。

（三）小吃多样

当地的传统小吃品种相当多，下面主要介绍许豆腐、钵钵肉和烧鸭子。

许金山卖的豆腐（儿）实际是一种菜豆花，类似北方的豆腐脑，雪白、细嫩，盛在碗里后浇上卤汁，抓点芽菜、大头菜碎、油炸黄豆、花生米等，再放点各色调料，吃进嘴里味道极佳，非外地的豆腐脑或菜豆花所能媲美。这个外号叫"许幺爸"的老板，是个极精细、讲究而又比较守旧的人，生前脑袋上一直盘着一根几尺长的发辫，家中古制钱还保留若干，在生意上严守古训，一丝不苟，一切用料都亲自筛选和加工，花生、黄豆要一般大，油炸时掌握火候，不糊、不生、香脆宜人。由于操作上严格把关，这一普通小吃名闻遐迩。他后来老了，不能重操旧业，死后更无传人，很可惜。

杨海廷卖的钵钵肉，主要用猪头、猪耳朵制成，切成一两左右一大片，用一个比脸盆略小的缸钵盛着，插上两双筷子，扛在肩膀上沿街叫卖。猪头、猪耳都打整得很干净，煮到刚熟，略脆，在刀法上很有功夫，切得每片几乎一样大，调料虽然是一般的温江酱油加上熟油辣椒、花椒、白糖、樟脑果壳等，但搭配适宜，进嘴后除了麻、辣、咸、鲜、脆等口感外，还有一股桃仁似的香味。每片相当于现在几角钱，用筷子夹上，在缸钵里涮一涮，把调料蘸得浓浓的，再张大嘴巴送进去。两双筷子，半钵调料，谁都在用，卫生条件可想而知。但擦耳岩人只管好吃，过一过口瘾，不顾其他。杨海廷死后，这一名小吃也失传了。

绰号"余麻子"卖的烧鸭子，也堪称擦耳岩的一绝。鸭子烧得又酥又脆，与全国有名的北京烤鸭风味不同，各具特色。烤鸭是填鸭制的，偏重嫩、腻，而烧鸭是家乡土鸭制成，偏重酥、脆。余掌柜多年来不断摸索、总结经验，用料和加工都有门道，外人学不到手。烧好的鸭子一挂上摊位，香溢满街，令过路人垂涎三尺。它全身都可以吃，长长的鸭嘴也可进嘴慢慢咀嚼，味道无穷。这种余氏烧鸭已有传人，虽然在价格上比别人的稍贵一点，仍然很受欢迎，生意一直红火，大概要进入双流名小吃之列。

（四）擦耳岩赶场天

民国时期，人们的穿戴与现在完全不同。男人一般着长衫，头上包个白孝帕子，脚蹬草鞋或打赤脚，中老年人嘴上常叼一根叶子烟杆。女人则穿右边结扣的短褂，已出嫁的脑后梳发髻，未出嫁的梳长辫。无论男人、女人，腰间常系一张围腰帕。赶场以男人居多，因此，逢场日子，只要站在高处一看，满街都是白晃晃的人头攒动。

赶场在成都平原农村生活中是非常重要的，也是十分热闹的一天。赶场促进了人与人的交流，实现了物品的交换与流动，也有利于信息的交换与流动。

每逢赶场，四面八方的人便向场镇上集中。街上的铺面，一大早就开门摆弄货物商品，摆设起货摊，慢慢地，强壮的大汉子、佝偻的老太婆、清秀的村姑、流着鼻涕的孩子，陆陆续续到来。他们有的挑着箩筐，有的背着背篼，有的提着篮子，里面装着自己要卖的农产品，到集市摆起，等待买主，农民卖得钱后，再买些自己需要的物品，然后去喝茶，歇歇后再回家。赶场天，是农民不下田地干活，上街镇喝茶休息的一天，也是商贩们忙碌做生意的一天。

图13—23　川西场镇赶场天/引自网络

过去，擦耳岩赶场的人，习惯大声说话，农村的"大老粗"们嗓门最大，即使面对面说话，也像相隔几亩田似的大声喊叫。特别是逢场，人声喧哗，轰隆隆一片，人声压倒一切，连家禽家畜的吼叫声都被掩盖下去。满街都是呼朋唤友的，喊爹叫娘的，推车担挑嚷着让道的，叫卖的，讲价的，吵嘴打架的，劝架的，等等，谁都想把自己的声音提高到压倒别人的程度，焉能不把嗓门练得特大？但只有台子坝的猪市上比较清静，偶尔有几声猪叫。在这里，人们讲价一般不在口头上，而是习惯在袖笼子里或长衫底下互相摸手指头，对第三者是完全保密的。

（五）擦耳岩文化娱乐

擦耳岩旧时的文化娱乐是比较丰富多彩的，除了看川戏、唱围鼓外，还有说"圣谕"、听评书等。其中，听评书是别有风味的。街上好几家茶馆，经常有外地人来讲评书，主要在晚上讲。说书人坐在一个用凳子和桌子搭成的高台上，桌面上放一个四方形小灯笼，上面写着评书名称和说书人姓名。开讲以后，他手拿界方不断拍打桌面，借以渲染气氛。他们都是在江湖上找饭吃的，水平不低，不但把原书倒背如流，还加油添醋，绘声绘色，比看原书还觉得有趣。擦耳岩解放前后，来过的有干瞎子、吴少良、邵一云、高厚成等，讲的内容有三侠五义、大清传、龙凤飞侠剑、雌雄剑、济公传等。这些说书人全是瘾君子，每天的收入难以填满烟枪，还经常拖欠茶馆的饭钱和店钱，拖到后来干脆一走了之，使评书半路中断，听众大感失望。而且，这些瘾君子走时往往偷走茶馆的茶具、酒瓶、油壶之类的东西，更不落教了。

（六）端阳节"抢鸭子"

擦耳岩以前最有特色的文化娱乐活动是每年端阳节"抢鸭子"，这也是纪念古代伟大的爱国诗人屈原的一种民间活动，历史非常悠久。这一活动是在金马河上进行。那些年头，这个时节的金马河水面开阔，但流速平稳，适合游船竞渡。端阳这天，可以说是擦耳岩一年之中最热闹的日子，家家店门大开，正街上扯满天花，小孩们用雄黄涂脸，佩戴香包、菱角，吃粽子，感到非常幸福好玩。沿河两岸和几十里外的人都来金马河边看抢鸭子，一饱眼福。鸭子是从河心一艘大彩船上抛下的，在它周围游弋着许多只小巧轻便的"鱼老鸦船"，每只都载着几个抢鸭子的游泳好手，只要看见大船上一敲锣抛下鸭子，小船都像离弦的箭一齐奔过去，等不得船靠近鸭子，水手们一齐跳下去争抢，在水里打得不可开交，两岸成千上万的观众齐声呐喊助兴，欢呼声震天动地。但这些鸭子不大容易抢到手，据说是灌了酒的，野性较大，眼看要靠近它，一头就扎入水中不见踪影，从老远的地方钻出来，或扑腾一下在水面上飞起来，逗得水手们往返奔波，在水里混战一场，煞是热闹。这种场面简直使金马河成了沸腾的江河，欢乐的海洋，擦耳岩也因此名声大噪。可惜这一很有意义的民间活动，在往后的日子不复重现了。

（七）耍街灯

此外，还有耍街灯的，主要是正月初一到十五元宵节，常有本地或外地人到街上来耍灯，有龙灯、狮子灯、牛儿灯、高脚灯、彩莲灯、幺妹灯等等，年味很浓。

王泽枋老师说，擦耳岩还耍过"笑狗"灯，就是天旱的时候，为了求雨，扎了些奇奇怪怪的像狗一样的灯，让人看了就笑，越搞笑越好，有句话说"笑狗天下雨"，就是此意，耍"笑狗"灯时，当然还有水龙灯、水盆灯等助兴。

特别是1945年庆祝抗日战争胜利时，耍火龙灯的场面十分壮观。覃宗良老人当年也亲自耍了火龙灯。

据覃老回忆，新中国成立初期，过去的一些娱乐活动仍在持续，而且有所发展。特别是在镇压反革命运动后的土地改革高潮中，覃宗良和街上一批青少年，经常参加扭秧歌、打连箫、打腰鼓等活动，尤其逢场时，年轻人的表演在正街上穿街而过,引起两边观众阵阵欢笑。在操场坝开农会等庆祝大会时,还作过很特殊的"摆字"表演,当着围观的观众,二十几个小子在整齐有力的步伐中,突然散开,躬腰俯下去,摆出"天下太平"四个很明显的大字,受到赞扬。至于戏剧之类也搞得热火朝天,主要在台子坝的"万年台"上进行表演。其中最火爆的一场是时装古典话剧《梁山伯与祝英台》,由陈怀林与廖碧如演梁、祝,王玉平演祝员外,台下挤满观众,大概是乡上最成功的一次话剧演出。但最时兴的是唱川戏,河对面某村的李志辉、刘纪华常带队过来参演,虽然水平一般,也值得一看。当地有悠久的唱围鼓历史,不乏川戏人才,李德云是其中较为突出的一个,以演须生见长。自劳改提前释放回乡后,就专心于川戏表演,还有一个小姑娘李丽华,就是李静波的小女,更是一个天生的川戏才女,虽然未拜过师,但演小旦时唱腔、眼神、诸般做派都达到职业演员的水平。这二李联手所演的《拦马》,是享誉全乡和附近乡镇的一出折子戏。后来,他们又与彭镇的部分戏友联合,组成了"彭镇东风人民公社川剧团",由李光明(本街人,大队书记)任团长,江雪海(彭镇人,党员)任指导员。该川剧团当时在全县乃至邻县都比较出名。

(八)川军邓锡侯的大渡船

据《双流县交通志》记载:"民国25年(1936年),第四十五军出于军运需要,拨洋1300元修造木质汽车渡船1只,长5丈6尺(18米多),用人力渡,小水时用船夫8名,大水12名。民国27年(1938年)7月13日夜,汽车渡船毁于洪水。"①

当时,川军第四十五军属邓锡侯部,邓接到蒋介石命令围剿红军,四十五军要从擦耳岩过河,原有渡口船小,不能载汽车火炮和军队等过河,于是,邓修造了一只大木船,专门供军用。

《双流县志》(1911—1985)记载,擦耳岩渡口1936年最早使用的木质汽车渡船,就是邓锡侯部的军队专用船,并非擦耳岩渡的民间用船,民用的是竹索牵吊渡船。

(九)碉堡坡坡记忆

擦耳岩东场口往李家寺的一里多路上,有个很有名的坡坡,叫碉堡坡坡。坡坡不高,斜斜的,从擦耳岩街到坡坡上,也就五六米的高差。自擦耳岩改名为金

---

① 双流县交通局编纂办公室:《双流县交通志》,内部资料,1988年版,第115页。

桥镇后,场镇扩大了,现在的金红路就是碉堡坡坡最高处,也叫李家寺高埂。

金桥镇的老人们,只要问起碉堡坡坡,谁都记忆深刻。

但奇怪的是,坡坡上真的有碉堡吗?谁修的?有几座碉堡?为啥要修在这里?这就没人说得清楚了。这不得不使人对坡坡上的神秘碉堡产生遐想。

据我所知,老人们不是因为坡坡上有没有碉堡而记忆深刻,而是因为当年盛行推鸡公车,坡坡给老人们留下了深刻记忆。

20世纪六七十年代,还没有先进的载重交通工具,鸡公车就是那时唯一常用的载重工具。"鸡公车",是指川西坝子人们推的一种独轮车,推起来,车轮轴要"叽咕叽咕"叫,像鸡公声音一样,因此俗称"鸡公车"。

图 13-24 金红路碉堡坡坡,原岷江古岸

当时的擦耳人民公社,每年要从崇州三江镇那边买几次石灰载回来用。一是生产队每年都要撒冬水田栽水稻,二是家家修房子都要用石灰抹墙壁。每年用鸡公车推三四次,每次推三百来斤。从崇州三江镇那边推回来,三四十里路,要从擦耳岩河西过河,推到擦耳岩这边来,一路上推鸡公车,早就精疲力竭了,再推上这碉堡坡坡,更显艰难吃力。

推鸡公车上碉堡坡坡,一里路长的缓坡,会让你推得满头大汗,两腿发软,耗尽你最后的一点力。小时候,父亲总是叫我拿根绳子,在碉堡坡坡拉鸡公车。长大后,我也亲自推鸡公车,尝到了碉堡坡坡的"厉害"。这真是让人终生难忘,已凝聚成一辈子的乡愁记忆了。

碉堡坡坡是鸡公车年代家乡著名的"软脚坡坡",是时代记忆。

本着乡愁记忆,我考察了碉堡坡坡的地形和来历。

双流区档案馆有资料记载,民国二十五年(1936)8月6日,双流县政府第三科科长熊倍卿记载了他到擦耳岩详查洪水的灾情:"大雨连日,河水即涨于八月一日晨,岷江上游之水,骤涨丈余,较之叠溪震灾为巨,(擦耳岩)街市成为泽国，一片汪洋，船由街市而达里许之李家寺高埂……所种药材、花生、苎麻、包谷，尽被淹毁，被灾面积计约二千亩。"从这份资料中，我恍然大悟："李家寺高埂"就是"碉堡坡坡"，就是古岷江东岸边。

这是因为，资料中记载被淹的药材、花生等，说明这里是河滩沙地。我想起了公社时代，擦耳公社的一、二、三大队等沿金马河东岸边，种植了大片的郁金、花生等，这里原就是岷江金马河的河湾沙洲地，李家寺高埂就是古岷江岸，就是现在的金红路。

我也终于找到了"碉堡坡坡"名字的来历。原来，这里发生过四川最大的一次，也是最后的一次军阀大战，名曰"岷江战役"。

1932年10月，刘湘与刘文辉为了争夺四川王，发起了"二刘大战"。1933年7至8月间，刘文辉败退出成都，利用岷江金马河天险，布置了防线，决心在金马河边与刘湘决一死战。刘文辉在灌县、温江三渡水、双流擦耳岩、新津，及以下彭山、乐山等地密集布防，三渡水和擦耳岩就是重点布防地。7月中旬，刘湘共110余团全部开抵岷江东岸，并出动飞机向新津、崇庆、眉山、乐山等城投掷炸弹、传单。刘湘军多次在金马河三渡水、擦耳岩等地实施抢渡，均遭刘文辉守军坚强阻击。刘湘遂采取政治瓦解手段，派人潜往守军内部，拉拢中高级军官。8月14日，刘湘发出全线总攻令。刘文辉守军陈鸿文师守备温江三渡水，其机炮营营长叶青莲、刘一率部哗变，刘湘邓部从该渡口抢渡过江，左右出击，刘文辉守军防线动摇。刘湘罗泽洲部从擦耳岩抢渡过江，击退守军王元虎部，分兵向新津、大邑方向进攻。同期，防卫灌县的彭韩部，防卫三江口的邓和部等相继倒戈，刘文辉岷江防线全线崩溃，刘文辉战败。原来，碉堡坡坡上的碉堡，是刘文辉部所修。

图 13—25 碉堡坡坡上/引自网络

擦耳岩东场口的坡坡，给我们留下了三重记忆，一是四川军阀混战的历史记忆，二是古岷江东岸的地理记忆，三是鸡公车交通工具时代的乡愁记忆。

四、周边寺庙及迷信活动

擦耳岩除街镇上的西安会所、观音堂、李家寺外，周边还有松觉庵、文昌宫、三圣寺等多座寺庙。

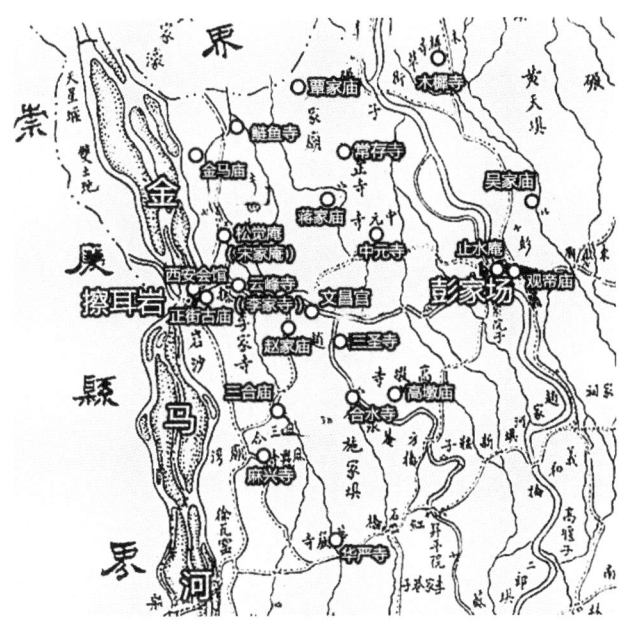

图 13-26　金马河东的擦耳岩被座座庙宇所围

离擦耳岩只有两三里路的松觉庵（宋家庵）是典型的尼姑庙，虽然不大，但很干净整洁，每年的大年初一，街上居民争先恐后前往进香，像赶庙会一样热闹。

三圣寺位于擦耳岩去彭镇的半道上，远远望去殿阁重重，林木森森。有一年听说"大朗菩萨"显圣，远近几十里的善男信女纷纷前往朝拜，盛况空前。

麻兴寺在擦耳岩下游王店子附近，寺庙幽深僻静，覃老说，有一年夏天他偶然走进去，有一种"入门顿觉清凉甚，恰似移身在广寒"的超尘脱俗之感。

在李家寺与三圣寺之间曾有座"文昌宫"，是擦耳岩唯一的道观。

据覃宗良等老一辈人说，这些庙宇在 1949 年以前大多完好，后因不在"重点保护"之列，人为销毁或自行颓废，和尚尼姑皆还俗或死去，后继无人。其他如"土地房"、家族祠堂等更是荡然无存。

图 13—27　川西平原庙宇/引自网络

民国时期的擦耳岩盛行各种迷信活动，从事此类活动的人有端公、走阴婆、阴阳等。擦耳岩最有名的道士是街上的李泰安，还有文昌宫一带的几名道士，他们常被请去做各种道场仪式。李道士写得一手好字，称为"道士字"。端公以李家寺的"冯三本家"最有名，常被请去跳端公。还有宋家庵附近的走阴婆，和另一村的"张菩萨"，善于搞装神弄鬼、驱邪之类的活动。至于阴阳"风水先生"，主要为人选坟址、看宅基。总之，各种迷信活动应有尽有。

庙宇一般都有一定的田产，是维持各项开支的主要经济来源，但说不上富有，一般都雇用长工，或佃给农民耕种。

李家寺的住持王和尚，矮矮的，脏兮兮的，成天忙这忙那，像个干杂活的下等僧人，新中国成立后的一天夜里，下到庙旁的大朗河里淹死了。

宋家庵的当家尼姑，是个虔诚的佛教徒，身边的弟子们都对她十分信服。后来，因对生存感到绝望，她带着几个年轻女尼，手牵手一齐投入了金马河。

民国时期，双流县境内做道场有三种：神会道场、祠会道场、超度亡灵道场。做道场是僧道的一种职业，庙宇寺观山门常悬有"本寺（观）应酬经戒法事"的牌子。做道场时间少则一两日，多则十天半月不等。其中以中元会、清醮会、东岳会、城隍会、龙王会、牛王会、盂兰会道场为盛。程序有设坛、开坛、请水、迎神树幡、安神祭灶、申文上牒、破狱、散花、坐台、焚祝供天、拜忏、放河灯、收榜倒幡、祭车夫、烧纸等，最后送神倒坛。普通人家超度亡灵做道场，堂屋正中挂太上老君、元始天尊、灵宝大法师画像，两旁挂十殿阎王像，中设经堂，堂前将方桌摆成品字或八字形香案，桌上放置各类佛经，中供张天师塑像，香案四周摆放锣鼓乐器，门前悬挂黄纸，上面书写存亡榜文。香案前置蒲团，供跪拜用。开坛之前，道场主人大宴宾客、道坛主事及众徒。大吃一顿后，开始戒荤吃素，直至道场结束，叫"封斋"。开坛之后，每日由道场主事率众徒于早晚大做法事，其余时间由徒轮流守值敲木鱼诵经，昼夜不绝。换班时还要鸣炮，敲锣打鼓唱道歌。

跳端公，民国时期多在当地乡间流行。遇天灾人祸或家人久病不愈，当时的人便认为有鬼作祟，往往要请端公驱鬼禳灾。跳端公又称跳神、跳郎君、庆坛、传老爷等。事前主家先与端公说明跳神缘由，将生辰八字告知端公，再由端公掐算跳神日期。到期主人备办雄鸡、"刀头"、香烛、纸钱，请端公来跳神收鬼。所收之鬼（即烧化的纸钱灰或符箓灰），用土陶罐盛着，红纸封口，交由主人按指定地点埋藏或扔掉。也有用稻草扎制"毛人"贴上咒符，做毕法事后用火焚化，表示鬼已被收。跳端公也常穿插爬刀梯、扑火坑、铧头贯胸等绝活，表示端公身上附有神灵。端公还兼作"打保符""过关煞""庆坛"等多种法事。

走阴婆，是以代人去阴间探访已死亲故为名骗取钱财的一种迷信职业。操此业者，多为已婚中年女性，又称观仙婆。民国时期，走阴的观仙婆还兼及为人治病、断祸福凶吉、占卜扶乩、烧蛋化水等。

五、李家寺学校的变迁

擦耳岩李家寺（原名云峰寺），民国时改建成了公立小学，20世纪50年代末，建成擦耳小学，60年代末升格为擦耳中学，该学校培养出了一大批擦耳岩本地的建设者，也为国家输送了几多人才。擦耳岩李家寺学校，是擦耳岩本土文化发源地所在，也是擦耳岩建设发展的文化基因所在。据《双流县志》（民国版）记载，民国三年（1914）二月擦耳岩建学校，地址就在李家寺。

据覃宗良、伍兴德回忆，他们小时候就在李家寺庙里读书。那时，庙里的菩萨是用木板隔离关了禁闭的。1948年底，他们参加了双流全县高小毕业会考，成绩前三名的才有资格被选送去参加考试。各乡小学抽调成绩优秀者参加，那时伍兴德读六年级，覃宗良读五年级，校长陈开楠选上了他俩，另外还有四人，校长带领他们到双流后，在乡人王世通家住了一宿。王世通是擦耳岩人，民国双流县参议员，现双流区资深文史专家王泽枋的父亲，王世通的父亲王枬（楠），是成都人民公园《辛亥秋保路死事纪念碑》总设计人。王家祖辈就住在擦耳岩下的金马河边。

覃老对李家寺小学有这样的记述：

> 李家寺小学原是一座规模宏大的庙宇，改成学校后，仍留有三分之一地盘给王和尚及其弟子住。学校这边仍保留庙宇痕迹，房廊殿阁

依然如故，只是请走了菩萨。门前是一个不小的场坝，可能是原来搞庙会之用。一进大门，是原来的灵宫殿，顶上阁楼依旧，还留有若干小菩萨。再进去是一个敞开的天井，左右两边各有一株大楠木，其中一株大得出奇，我走遍全国都没有见过的，它高大挺拔，苍然蓊郁，几里路外都能看见它繁茂的枝叶。过了此处，就进入天王殿，但四大天王已请走了，是一间宽敞的空屋。过了天王殿的左右两侧门，就进入了学校，也是原来庙宇的主要部分。这是一个相当大的四合院，中间的天井大约一亩大，四周的殿堂都改为教室和教师的宿舍，中间还围绕着一段很宽的走廊。正面的大雄宝殿改为礼堂，用一篾墙把大佛隔在里边。篾墙用白纸糊得很平整，正中间挂有一幅孙中山像，像的下面贴一张"国父遗嘱"。

根据覃老的记述，李家寺庙是8字形的两个四合院组成，进庙后，先进入的是小菩萨和四大天王殿组成的四合院，院内有两株高大的楠木树。通过天王殿两侧门，进入后一个四合院，院内两边是教室和教师宿舍，正面是大雄宝殿，殿内大佛被篾墙封起来了，殿堂用作学校的礼堂。以上是覃老他们读书时的李家寺庙情景。

而我们在这里读书时，已经没有第一个四合院了，只有一个四合院。进校大门的两边各有一间教室，然后左右两竖排是教室，与正面大雄宝殿形成一个可关闭的四合院。

1963年，我八岁，在李家寺读书。在我的记忆中，李家寺庙大殿中间的菩萨，还是用厚实的木板被封闭隔离，关着禁闭。寺庙大殿是学校老师们的办公室。大殿的左边隔了一间作学校的音乐教室，各班上音乐课就到那间教室。那时，我们每周有两节音乐课，都在那间教室上。

1965年的六一儿童节，学校在四合院外的大门广场上，第一次搭台举行了文艺演唱活动，我被老师易华英推选上台朗诵《红岩》中的《把牢底坐穿》一诗。还有一对帅气漂亮的青年男女老师，跳时兴的《逛新城》，至今，那"爸爸耶——女儿耶——"记忆犹新。那男的，就是陈伟芳老师，女的，则是我们班主任裴嘉柏的爱人周芸芳老师，如今，他们都七十多岁了。但老师，永远都是我们的老师。

1966年，学校发展到一至六年级十多个班，四合院式的学校教室显然不够用了。

放寒假后的一天，我到学校来转悠玩，见李家寺庙拆了，大殿处挖了个大坑，原来被木板隔起来的菩萨，都被推倒在大坑里，就地给"活埋"了。

新年开学后，原李家寺大殿处，建起了一排新砖墙瓦房，一半作为学校办公室，另一半作为老师的寝室。原四合院式的学校被拆开，两边各修了六间一排的新教室，共十二间新教室。中间形成了长方形的校内开阔坝子，作为全校学生的课间操操场。后面修了卵石砌成的围墙，形成了可关闭的学校。学校办公室后面，修了篮球场和田径场，及学校厕所。校外东面是学校的三间伙食房。

从此，李家寺没有了菩萨，也就没有了寺庙，变成了擦耳公社的学校。

1969年下半年，学校办了初中班，成为擦耳中学。1972年擦耳中学首届初中两个班毕业。

我就是在这里从小学一年级读到初中三年级毕业的首届生，共在这里读了九年书，度过了青少年成长阶段。毕业后回农村，成为一代有"知识"的新型农民。当年，国家很重视我们这一代回农村青年，赋予了我们一个时代的新名称"回乡知识青年"。我在农村得到重视，入党，当了生产队长，1976年出席了双流县先进知识青年表彰大会，当年被推荐到中专学校读书。

李家寺庙改建成学校，培养了新时代有文化的一批又一批农村人，也走出了许多大学生。民国时在此读书的覃宗良、伍兴德，新中国成立后，覃在双流中学读书，后考进了成都电讯工程学院（现电子科技大学），伍到成都职业学校读书；擦耳中学首届初中毕业生中，我同班的就有考入四川大学的刘汝智、考入泸州医学院（现为西南医科大学）的尹杰霖等，后来，我也有幸参加了全国成人统考，考入了北京大学读书。

后来改革开放了，学校搬到了擦耳岩下的金马河河湾沙滩地。原校址被占用作了工房。没几年，搬到河坝里的初中学校也被拆除了。

2021年3月的一天，双流区文联副主席、文史专家陈伟芳，双流区诗词楹联学会名誉会长伍兴德，成都作家、双流诗词楹联学会副会长李文旭，我们四人相约，到擦耳岩李家寺原校址走访。陈伟芳老师在这里教过书、跳过《逛新城》舞，伍兴德老师民国时在这里读书启慧后来考入高级学校，李文旭是擦耳岩下游对金马河有很深感情的作家诗人，我从小学一年级到初中毕业的九年都在这里读书。但现在，我们身处的前后左右，都是工厂作坊，谁也找不到当年的一丝影子，寻觅不到曾经留在这里的半点印记了，我们也就在各自的记忆里，留下了一张走访李家寺学校原址的照片（如图13-28所示）。

擦耳岩李家寺，一处重要的地方历史文化发源地，凝结着多少人的乡愁。

图13-28 陈伟芳（中左）、伍兴德（中右）、李文旭（左）、笔者（右）

第十四章
民国擦耳岩兴旺人家

本章提要：擦耳岩是外来人家汇集之地，早在东汉末年，原住民就是外省流民"东州民"，随着时代变迁，金马河涨大水等因素，原住户也不断地搬离了金马河边。明清时期，擦耳岩金马河古渡两岸形成集市，清朝中晚期，擦耳岩有了大的发展。民国时期，擦耳岩出现了几个具有一定影响力的家族，即王家、吴家、覃家。

一、王家书香

擦耳岩下游不足三里，金马河东岸边，有座三姓人家合建的庙，叫"三合庙"，其中最大的一户人家姓王。

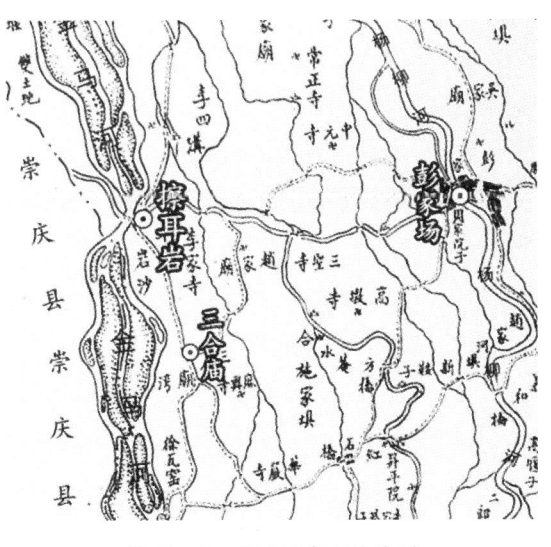

图 14-1 民国时期双流地图

图 14-2 川西平原村庄（1908 年）/亨利·威尔逊（英国）

王家老宅有房屋多间，穿枋瓦房，大堂屋前两柱上有副楹联，这副联是王家祖上留下来的家训和教诲，也是王家系书香门第的一大佐证。

诗书中岂能少取，衣食外何必多求。

王家也与四川大多数家族一样，祖上为外来户，至于王家先祖来自何省何县，现在谁也说不清楚了。选择在岷江金马河东岸边安家落户，表明王家老祖宗并不富有，但有眼光。因为这里有古岷江因干涸留下的大量河湾沙滩地可开垦种植，而这里离文化氛围浓厚和物资交流频繁的成都等地较近。清晚期，王家就出了位读书聪慧之人王枬。

王枬（楠），字次陵（1883—1935），四川双流县擦耳乡（今彭镇金桥）人，幼为双流县学童生。稍长，入府庠成都府学，是为附生。清末废科举兴学校，王枬受富国强兵思想影响，渴望学习西方先进技术，转读于成都铁道学堂。光绪三十一年（1905）六月邮传部在成都招考官费留日学生，他以优异成绩被录取。次年（1906）九月，浮槎东渡，进入日本东亚铁道学堂学习。据"清末各省官、自费留学生姓名表"所记录，王枬是东亚铁道学堂首届毕业生。

宣统元年（1909），王枬学成回国。清廷学部授予证号 934，该号是按照时间顺序排列的，约是第 934 位被学部承认的留日学生。证号的颁发，说明留学水平达到清政府的承认。颁证号实际上就是分配工作的条件，但是现实中并不一定如愿以偿。回国后，眼看清廷腐败，民族积弱，铁路修筑大权早已拱手交给外人，中国工程技术人员无处施展才能，一片爱国之心，只有付诸流水。他愤然收拾书籍，离京返川。居乡期间，他曾与同乡、同是留学日本学铁道的彭聿宽一道，仅以最简陋的皮尺和竹竿，测量设计出由双流县城经彭家场至擦耳的具有现代公路雏形的乡间马路,也是双流县在清末自行设计、自行施工的最早公路。工程毕工后,梓间咸称方便。

辛亥保路风潮事起,王枘以双流铁路股东分会股东代表的身份,与彭树堂等一行参加了在成都岳府街召开的川汉铁路公司股东大会,为张澜、颜楷、彭芬诸人所器重。在成都,他亲睹了"成都血案"的发生,即托同学中的同盟会员返回双流,组织保路同志军,支援成都人民的武装斗争。

推翻清政府以后,王枘供职于川汉铁路宜昌段施工工地,任工程师(当时称技正)。成都股东分会的彭芬、邓孝可等人联名提议,给全川在保路运动中死难的烈士们建造一座纪念碑,得到众多股东的赞成。而且还决定聘请王枘为总监工,并负责图纸的设计。参加和协助图纸设计工作的,还有王枘的留日同学黎治平、杨剑潭和李雨苍,总施工则由当时成都营建业的古建筑师胡炳森担任。

纪念碑从1913年12月破土动工,到1914年9月毕工,历时仅10个月,工程进度之快,建筑质量之高,今天看来,仍不失为第一流工程(如图14-3所示)。纪念碑落成之后,公司董事会还准备在"碑之四藩,法古人封殖之遗,列邦树基之义,表之松柏,环以棘梅,藉申爱护之忱,抑助游观之雅",设想很周到,建筑亭殿祭坛之类的附属物,与纪念碑配套,周围遍植松柏梅竹。为此事,董事会还向全川发出《保路死事纪念碑落成征文树表公启》,后来因川政多故,加之军阀连年混战无休止,这一愿望终付诸东流,成为一件憾事。

图14-3　辛亥秋保路死事纪念碑

现代人在研究王枬所设计、监工的纪念碑时，多有赞许。东京大学东洋文化研究所研究员徐苏斌在清华大学主办的《建筑史论文集》第十三集（2000年10月）上发表论文《清末四川与日本的交往之研究》，论及保路死事纪念碑，她在给笔者的信中写道："从纪念碑上看雕刻非常有特色，我想是受到近代美术的影响，现在的研究多认为现代美术最早在上海，而且是二十年代以后，但是这个作品建于一九一三年，也许是中国最早的现代美术（注：应是指现代建筑美术）作品之一。"

王枬先后任四川巡按使公署技正、四川制革厂厂长、内务部存记签事等职。1935年病故于成都少城斌升街寓所，时年52岁，葬于双流县擦耳岩沙湾金马河之阳（擦耳岩下游的原擦耳中学下方河坝，王家共有三座祖坟于此，后均被洪水冲毁）。

至今屹立在成都人民公园里的辛亥秋保路死事纪念碑，1988年中华人民共和国国务院公布为全国重点文物保护单位。

在王枬的影响下，其子王世通也是一位爱读书的人，民国时曾是双流县主管农业的参议员，任过一届都江堰的水利主管官。他关心家乡的读书人，1948年秋，他还特别带家乡的学生覃宗良、伍兴德到双流县参加考试。新中国成立后，王世通在双流中学教过书，后调到彭县任教。

王枬之孙王泽枋，生于1936年2月，1957年在四川省成都第二师范学校读书。1957年反右期间，因故被开除学籍回家。为生存之计，王泽枋从1958年起，在双流县运输合作社（集体制）当搬运工。在如此落魄的处境下，他坚持读书学习，研究地方史，为县文化馆撰写地方史文章。

王泽枋的一生，既坎坷又顺利。

1957年，王泽枋因"二师"事件被划为"不戴右派帽子"的"四类"学生而被学校开除回原籍双流。在双流运输公司搞人力运输，拉架架车，推鸡公车，当装卸工等，后来搞氧焊电焊，铸铁翻砂，车钳铣铇钻，样样都干过。

但他有一爱好，就是读书。学生时代，王泽枋就阅读了大量古今中外的文学作品。年轻的王泽枋要求自己，读书要"三结合"，即作品、文学史、文学评论三者交互阅读，"所得知识，甚是系统，获益匪浅，受用终身"。也就是要系统地学习和掌握知识。王老年轻时读书，从喜欢文学转为喜欢文史，特别喜欢地方史。他认为，学习地方史更能很好地为地方服务。"腹有诗书气自华"，这是年轻时的王泽枋对读书的追求，也是王老一生读书的真实写照。

在人生最低潮的时期，王泽枋没有低沉颓废。他说"有一点我很自信，我不会从此完蛋的",因此在最艰苦的时候,他都在读书学习。

不过,他这一低潮时期,竟经历了二十年。

1981年5月,双流政协成立文史委,需要有写作特长的文史人员。为此了解到双流县运输合作社有个王泽枋,热爱史学,了解双流历史,有一定的写作水平,适宜做文史工作,但因历史问题尚未完全落实政策,县政协从全局出发,考虑到他是文史人才,决定大胆起用。双流县运输合作社是集体单位,其职工不能调进全民单位。于是,县政协与双流县运输合作社协商并征得同意,由县政协把王泽枋的工资经费付给双流县运输合作社,把他借用过来。1981年初冬的一天,政协文史办公室主任李鸣庆等人亲自去王泽枋家谈借调之事。当时,王泽枋住在双流县运输合作社低矮狭窄潮湿的小房里,很是清贫。那天碰巧王泽枋不在,李鸣庆主任向王泽枋家属说明来意后,就走了。后来,又约见王泽枋,当面向他说明借调之事。王泽枋得知县政协要借调他去搞文史工作后,非常高兴,再三表示感谢。

王泽枋深深地感到,改变命运的时刻来了。他由衷地感激,命运对他是公正的。

后来,县政协主席王玉成与县政府办公室副主任兼史志办主任张宗岫,为王泽枋落实政策问题奔波,向县委汇报,并去成都市人民政府当面汇报情况,最终破例批准王泽枋从双流县运输合作社调入县政协工作,后又安置到县史志办工作。

读书,改变了王泽枋的人生,促成了他一生命运的转变。

王泽枋喜欢买书藏书,每月至少花三四百元钱买书。除自己买书外,家中也有祖传下来的典籍,此外还有部分赠书。20世纪40年代,他的一位叔叔抗战时期曾在成都祠堂街开明书局工作过,深得书局老板叶圣陶的信任。为避日本飞机轰炸,开明书局的部分藏书便转移到相对安全的双流王家。抗战胜利后,书局东迁,带不走的书就赠予王家。但扫"四旧"时,王家又不得不烧掉大量的书。王老说,当时他母亲焚书煮饭,一个月都没用过柴火,这让年轻的王泽枋心疼不已,后来他想了个办法,将家中地板撬开,挖坑埋藏了部分典籍,这才躲过一劫,保留了部分重要书籍。

王泽枋藏书逾万册。他将家中藏书按"经史子集"分类,用厚白纸包装,并在上面注明某年某月某日得此书,并分类堆放,有序存列。走进王老的寝室,就俨然进了书屋。王老的一生,便是在这书屋里看书学习、写作耕耘中度过。

图 14-4　王泽枋学习写作的书房

"诗书中岂能少取，衣食外何必多求。"家风祖传教诲，始终影响着王泽枋的一生。他随和又健谈，双流历史文化方面，不管是典故还是趣谈，王老总是滔滔不绝。

图 14-5　随和健谈的王泽枋

王老喜欢研究地方文史，以双流文史为主，扩展到成都、四川乃至全国，三教九流都是他的研究对象。因此，王老成了双流的"活词典"。曾经县史志办请他编撰一部《双流100名人传》，他足不出户，就凭家中万卷藏书就编撰成功。他除主持编撰《双流县志》，还独立编撰了《机投镇志》《双流国土志》《双流县民主党派志》等多部史志，与田宏梁主编了《千古蚕丛路 沧桑话双流》，撰写各类史料文章等上百篇。

1992年，王泽枋负责修《双流县志》，任副主编。他认为，写史修志，是一件非常重要的事，也是一件严肃的事。要抓住时代发展主流，把握本区发展特点，要广泛收集素材，认真负责，不得马虎。作为《双流县志》的副总编辑，王泽枋的工作态度和工作经验是值得肯定的。《双流县志》共百余万字，耗资百万元，积累资料千万字，编纂人员上千人，历时十个春秋，荣获全国新编县志二等奖。后来，王泽枋成了民盟双流支部的主委、双流县政协副主席。

王家书香门第，在擦耳岩也算是文化人家了。

二、吴家染坊

关于吴家染坊的历史，双流区文史专家陈伟芳有篇介绍：

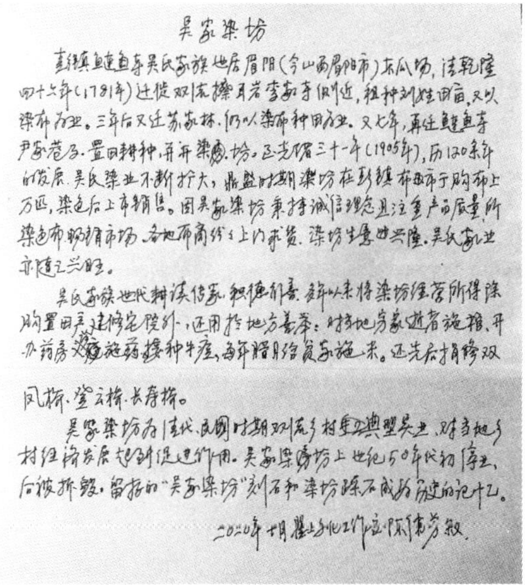

图 14-6　陈伟芳手稿

彭镇鲢鱼寺吴氏家族世居四川眉山东瓜场①，清乾隆四十六年（1781 年）迁徙双流擦耳岩李家寺侧近，租种刘姓田亩，又以染布为业。三年后又迁苏家林，仍以染布种田为业。又七年，再迁鲢鱼寺尹家巷子。置田耕种，并开染坊。至光绪三十一年（1905 年），历 120 余年的发展，吴氏染业不断扩大，鼎盛时期染坊在彭镇布市街购布上万匹，染色后上市销售。因吴家染坊秉持诚信理念且注重产品质量，所染色布畅销市场。各地布商纷纷上门求货，染坊生意兴隆，吴氏家业亦随之兴旺。

---

① 原手稿此处所写有误，后陈老师已订正为"四川眉山东瓜场"。

吴氏家族世代耕读传家，积德行善，多年以来将染坊经营所得除购置田产建修宅院外，还用于地方善举：对当地穷家逝者施棺、开办药房义诊施药，接种牛痘，每年腊月给贫家施米。还先后捐修双凤桥、登云桥、长寿桥。

　　吴家染坊为清代、民国时期双流乡村典型实业，对当地乡村经济发展起到促进作用。吴家染坊上世纪50年代初停业，后被拆毁。留存的"吴家染坊"刻石和染坊踩石成为历史的记忆。

　　　　　　　　二○二○年十月瞿上文化工作室陈伟芳叙

关于吴家染坊，覃宗良老人2020年6月有段微信：

　　原四川省双流县擦耳乡管16个保，金马河上游鲢鱼寺村一带属5保，离村不远就有一座大墙围绕的"吴家染坊"。我们擦耳岩街上就有开染铺的。以前织的布一般为白色，可染成红绿蓝黑等颜色，便于制衣服或作其他用。这个吴家就靠这个行业起家致富，成为乡上首屈一指的大富人家。吴家就在原址上修成了豪宅，我最早走近它时围墙里面庭院深深，已不搞染坊作业了，而是书香门第。

吴家染坊位于彭镇（原金桥镇擦耳岩）鲢鱼社区。2020年4月，成都市双流区政府在原址上开发建造了染坊的相关器物，并附有历史文化介绍，经过半年的施工打造，吴家染坊重现于世了（如图14-7所示）。

图14-7　新打造的吴家染坊

2020年6月，鲢鱼寺人、泸州诗词学会会长、西南医科大学原党委书记尹杰霖，带着满满的乡情为吴家染坊题字（如图14-8所示）。

图14-8　尹杰霖题字

原址重建时，从地下挖出了吴家染坊石碑和祖训石碑（如图14-9、14-10所示）。

图14-9　吴家染坊石碑

图14-10　吴家染坊祖训石碑介绍

三、覃家铺子

覃家铺子在擦耳岩可算是有头有脸的了。这不光是指铺面，也指覃氏家族。

与四川的许多人家一样,覃家也是从外省迁徙来的。双流彭镇、擦耳、柑梓交汇处有个"覃家巷子",在柑梓境内有一座覃氏祠堂"覃家庙"。擦耳岩的覃氏家族,就是从这里去的。

最早在擦耳岩名气大的覃家人,人称"覃花爸"。他原住覃家巷子一带,年轻时在外操袍哥跑滩,后来到擦耳岩开铺子做买卖安家落户,凭借智慧和胆量,终于成了乡上有头有脸的人物,被袍哥码头公举为总舵把子。他有两个儿子,一个叫覃焕廷,另一个叫覃寿廷,这两弟兄后来在擦耳岩开了铺面,有了"覃家铺子"。

图 14-11　民国乡镇街铺/引自网络

大儿子覃焕廷继承了父亲覃花爸的优点,精明能干很有魄力。他年轻时在县衙门当过差,后来成为擦耳岩著名的袍哥大爷,他在擦耳岩的铺子,表面上是卖米卖盐巴,实际上是什么买卖都做,只要有钱挣,因此家里比较殷实,是街上的财主之一。

覃寿廷排行老三,与他哥哥覃焕廷不同,是个做"实业"的人,学木匠开了棺材铺,还雇了几个工匠,自己的两个儿子从小也跟着学。但覃寿廷只知做老实事不懂经营,后来木材涨价,成本增加,而又不好意思给哭哭啼啼来买棺材的人家涨价,甚至好多是来赊账而后来又不主动还钱的。最后被赊了一屁股账再也买不起原材料,只得改开收现钱的茶铺了。

图 14-12　堆放在棺材铺后面的棺材/引自网络

由于老实巴交做事诚实，吃茶的人都主动给钱，茶铺生意愈来愈好了。铺子所在的街道虽不如正街繁华，也不算太僻静，一到逢场，茶铺就客满，甚是热闹。同街巷子附近就有好几家茶铺，但都不如覃家茶铺热闹。覃家茶铺是双开间铺面，连有带瓦顶的阶檐，逢场时可摆十多个茶桌。茶铺里有个大天井，旁边是茶炉和水缸，天井里也摆满桌子。早上一开铺门，就有喝早茶的来。生意好了，日子也好过了，天井后面，又添了好几间房子。

覃寿廷的茶铺，就此在擦耳岩成了著名的茶铺子。

覃寿廷年轻时第一次结婚出了问题，新娘姓蒲，是擦耳岩河对面崇州江源附近蒲家巷子人，长得很好看，像个大家闺秀。但婚姻是家庭包办的，结婚之后，她见覃寿廷老实巴交不爱说话的样子，觉得很委屈，不久就上吊自尽了。这件事对覃寿廷刺激很大，他变得更不爱说话了。虽然姓蒲的没有为覃家留有后代，但崇州河西一带蒲氏族人，都与覃家认亲戚。覃寿廷后来娶了崇州三江附近一女人，长有一脸的大麻子，这人后来在擦耳岩街上成了有名的"覃三娘"。覃三娘是个肺痨病人，但为人很不错，很能干，帮覃寿廷把茶铺子门面支撑起来了，还为覃寿廷生了两儿两女，但不幸的是，她死在了覃寿廷之前。覃寿廷后来又娶了一宋姓女人，也是擦耳岩河西那边的人，此人已守寡多年，她来到覃家后，没有为覃寿廷再生后代，却对覃的四个儿女很好，儿女们都认她为亲妈，对她也很孝顺。

谁知后来遭了一场火灾，房子被烧，家产毁去大半，两弟兄只好分家，覃寿廷也老了，跟了老二覃润生生活，抗战胜利那年不幸死去。宋跟了覃汉文生活，新中国成立初期，她感到天年将尽，就回到亲生儿子那里去了，最后安息在崇州。

两弟兄分家后，老二覃润生在原处慢慢恢复卖茶，老大覃汉文则搬到靠河边的甘蔗市上，面向正街，前期卖酒，后来开饭店。

两弟兄也像前辈人一样，是性格迥然不同的两类人，老二有头脑，老大则像他老实巴交的爷爷覃寿廷。

覃汉文小时候学木匠，后来又学厨师，手艺不错，也比较勤快，但头脑比较简单。母亲勤俭持家，原积蓄了一笔钱，他也想像其他人一样去做鸦片生意，结果一败而光。有一年，覃汉文与覃润生一起带着钱冒险西行去做一笔生意，一路经过灌县，翻过巴郎山、牛头山，向小金川方向前行，路上全是蛮荒之地。覃润生见势头不妙，要当哥的一起返回，但覃汉文不听兄弟劝，认为快到生意买卖处了，执拗前行，结果走进陷阱，遭到"棒客"抢劫，银圆和行李全被抢走，留了他一命。大约一年以后他才讨口要饭转回来。据说他被一藏胞家庭房去当过"娃子",实在受不了,设法偷跑了出来。他翻过西岭雪山,走到芦山,凑巧遇到为躲债在此悄悄做生意的擦耳岩老街坊陈麻花。陈麻花原本要躲他的,但见到覃汉文比自己还惨还可怜,念他老实人好,就借了笔钱给他,还雇了一滑竿将他抬回了擦耳岩家。覃汉文衣衫褴褛,骨瘦如柴,比叫花子还惨。不管怎样,他总算捡了一条命回来。

说到覃家和覃家铺子,不得不说覃汉文的夫人陈开桂。

陈开桂出生在一个中等经济人家,父亲母亲都有点文化,父亲陈茂森在社会上还是有点地位的人。弟兄姐妹五人,陈开桂排行老二,五兄弟姐妹中,她人缘最好,最有威望,是父母最喜爱的一个,人也长得好看,够得上"小家碧玉"。有个姓陈的本家给陈母算命说"今后只有这个大女最有福气"。在30年代的擦耳岩,她被街坊们评为"四美"之一,另三个是陈三娘、许二孃和邓三孃(覃润生妹)。但她嫁到覃家后,没有享受过一天清闲安乐的日子。首先是丈夫覃汉文不争气,不断给家里带来麻烦,其次是子女多,全靠她一人抚养。不过,陈开桂确实是覃家的一大福星,支撑起了这个家庭。每遇危难时刻,她都经受了常人难以忍受的磨难,最终把覃汉文家一个个后生抚养成人。

陈开桂不但对自家丈夫覃汉文及子女很好,对覃家二叔子覃润生和小姑子覃素贞等,也关照得很好。

二叔子的婚事,就是陈开桂给张罗的,是陈开桂去上游鲢鱼寺王家庙相亲定下的,对象是张家的张玉琴,后来她俩成了覃家非常要好的两妯娌。陈开桂刚进覃家时见到小姑子非常可怜,因覃寿廷和覃三娘都是病人,根本就顾不上她。小姑子一身肮脏,头发里长满虱子,陈开桂作为大嫂,就像妈一样帮她洗濯和梳妆打扮一番,终于由一个邋遢女孩成了个像模像样的小姑娘。小姑子成人后的婚事,也是陈开桂操办张罗的,找的对象也非常好,是在成都工作,家住覃家巷子的张清云。张清云是个非常善良厚道的人,对覃家特别好,对陈开桂很尊重。

陈开桂为人非常善良、胸怀开阔,对丈夫的兄弟覃润生更是百般善待。火灾后两弟兄分家,陈开桂主动放弃了应得的一部分房地产,后还主动要婆婆和小姑子跟着自己家过日子,一起搬到甘蔗市街安置新家,新开酒铺。原来宽敞带天井的茶铺,全部让给了覃润生。

新开的酒铺房间少,陈开桂和丈夫覃汉文住一间,婆婆和小姑住一间,两个儿子则借宿在邻居家,后来有了积蓄在铺子后修了一间房,两个儿子才安置下来。

尽管这样,陈开桂还是不计得失,照样对覃润生家很好。两家在陈开桂的宽宏大量下长久和谐共处着。

陈开桂是个孝顺儿媳，侍奉公婆在全街是很有名的。两弟兄分家时，后婆婆坚决不跟二儿家过，就因为觉得只有陈开桂才会对她好。公公覃寿廷跟着二儿家过，日子过得实在太难了。在对待老人上，二媳妇远不及大媳妇陈开桂，这是擦耳岩街坊们的一致评论。尤其公公生病期间，身边经常无人侍候，可怜至极。陈开桂经常丢开生意去照料公公，主动承担本来不属于她的责任。

有一天，邻居跑来告诉陈开桂，说老爷子快不行了，呻唤了好久，家里好像没人。陈开桂马上关上自家铺子去了公公家，推门走进灶房，灶头旁边就是公公的床，陈开桂一边喊老爷子一边拉开破旧蚊帐一看，公公屎尿失禁，满床又臭又脏。陈开桂马上为他打整床铺，然后扶起公公，含着泪给他喂水喂药。后来，公公覃寿廷安静地闭上了眼。

陈开桂对自己非常刻苦节俭，对别人宽厚大方，尤其对亲友们，凡力所能及都要大力关照，在乡上有口皆碑。她觉得人的一生，要多做善事才能造福后人，后人有福比自己享福还重要。她的一生太坎坷了，付出太多了，因而积劳成疾，很早就疾病缠身，但她意志坚强，活了七十多岁，是父辈中比较长寿的一个。她死后，家族亲戚们，街坊邻里们，甚至外地远处的亲友们，都前来参加了葬礼，场面极其隆重。

第十五章
擦耳岩袍哥

本章提要：擦耳岩处双流西域，是川西坝子腹部交通要津，与崇州、大邑、温江、新津相邻，周边各州县的袍哥大爷们，无一不与擦耳岩袍哥有勾连。擦耳岩袍哥劣迹斑斑，上演了无数触目惊心的惨剧、闹剧。

图 15-1 民国时期站在众人面前"讲理性"的人/引自王笛《袍哥》

一、袍哥主镇

袍哥亦称"哥老会"，来源于明末清初的"汉留"，是以"反清复明"为宗旨的秘密民间组织，一直发展延续到民国时期。四川保路运动中，同志军风起云涌，其主要成员即为袍哥。

四川保路运动轰轰烈烈，清政府急调湖北新军入川镇压，孙中山趁武昌守备空虚，领导发动了武昌起义，打响了辛亥革命的第一枪，结束了中国两千多年的封建皇权专制统治。孙中山对四川保路运动给予了高度评价，认为"若没有四川保路同志会的起义,武昌革命或者还要迟一年半载"。

辛亥革命推翻了清政府,但当时的社会生活方式很大程度上延续晚清,只是多了民主自由色彩,袍哥组织就是在这样的社会环境中发展泛滥的。

四川在清朝时就有袍哥,保路同志军起事成功后,各地又成立了大量的袍哥组织,四川已成了袍哥的世界。四川袍哥本质上是个极端不纯的组织,保路运动后扩张迅速,遍及城乡各地,情况更加复杂。早在民国初期和中期,就有不少袍哥沦为匪徒,到处杀人抢劫,民国末期又成为国民党维持其反动统治的得力工具之一,也是四川解放初期土匪叛乱的主要力量。民国时期的四川,国民政府中央势力与地方势力错综复杂、相互纠缠,中国共产党地下组织常常要依靠、利用袍哥组织的力量,因此有一些袍哥头目与共产党有秘密联络,甚至直接为共产党办事、提供方便,这些袍哥被称为红色袍哥。

图15-2 川西袍哥/引自王笛《袍哥》

擦耳岩是双流西域及周边县袍哥势力较强大的地区之一。擦耳岩与崇州、大邑、新津、温江等地相邻,是崇州大邑等地去成都的最便捷之路,因此,这些地方的袍哥,与擦耳岩袍哥都有联系。擦耳岩袍哥内部派系林立、互不服气、矛盾重重,本地袍哥和外地袍哥的关系也非常复杂,袍哥之间打"明仗""暗仗"是常有的事。

虽然如此,民国时期,擦耳岩的袍哥组织也还维持着表面的统一。当时著名的袍哥人物有如下几位:

覃花爸及儿子覃焕廷:擦耳岩袍哥中威望最高、最早有名气的,要数覃家的覃花爸。覃花爸原住擦耳岩乡下的覃家巷子,年轻时在外跑滩,操袍哥,后来到擦耳岩开铺子做买卖安家落户,凭借智慧和胆量,成了擦耳岩有头有脸的人物,被袍哥码头公举为总舵把子。他有两个儿子,一个叫覃焕廷,另一个叫覃寿廷，这两弟兄后来在擦耳岩开了"覃家铺子"。大儿子覃焕廷与父亲覃花爸性格相似，精明能干很有魄力，他年轻时在县衙门当过差，后来也成为擦耳岩有名的袍哥大爷。

李善培：李善培因前辈袍哥大爷的公举，成了擦耳岩袍哥界管事最多的人，其地位也高，不次于一乡之长。他是"清水"袍哥大爷，无明显劣迹，给乡人的印象不坏，后来受到前辈的推举，成为擦耳岩继覃焕廷后的总舵把子。当地人在茶馆里"讲理性"，总要请他出面主持公道。擦耳岩解放初期，他卷入策划叛乱等活动，最后遭到镇压。

朱少廷：擦耳岩袍哥码头的"总当家管事"。

李崇蒿：李崇蒿是李善培的"拜弟"，任擦耳袍哥支社崇义社代理社长。他是个"浑水"袍哥，好打斗。手下兄弟伙一二十人，枪支弹药都很充足，可称擦耳岩一霸。

李少清：李少清外号"李九窝"，是擦耳岩不怕事的亡命徒，与外地袍哥有勾结。

徐茂森：徐茂森是擦耳岩土生土长之人，幼时家境不大好，跟随大人做过生意，后参加袍哥，跑过滩，在码头上做些杂事。因头脑灵活，为人忠信好义，慷慨大度，被袍哥码头升为三排大爷，并成为擦耳地区最年轻的一名舵把子。他长得仪表堂堂，一副威严的样子，外号"包公"。家里开有米店茶馆，属街上中等人家。他的家在最繁华的丁字口，两层楼，说得上是街上最好的房子之一。他自从当了舵把子后，敢于任事，对手下兄弟伙驾驭有方，实力渐增，与周边各场镇的袍哥头面人物常相往来，与大邑安仁镇的刘文彩交往频繁。后来徐茂森加入了共产党地下组织，成为红色袍哥，是成都十二桥烈士之一。

李德云：李德云是擦耳街上人，十几岁就耍枪，被称"南路打手"。他是徐茂森的兄弟伙，为人机智灵活，与各码头都有关系，也受到李善培的青睐，与擦耳岩乡的乡长刘遐龄常相往来。在思想观点上，他受徐茂森的影响，对共产党有倾向，但不坚定。他保护过吴云霄（徐茂森妻）一家，也在武工队里干过。镇反后，有人说他态度模棱两可，与土匪有关系，打死李少清之事被仇家咬住不放，被政府收审，判了刑，后来被提前释放。

李复兴：李复兴是崇庆县（崇州市）河西十一保人，因一河之隔，与擦耳袍哥有关系，与邻近的属崇庆县管的石鱼乡（听江村）和江源镇的袍哥关系较密切。他在听江村操袍哥，成为当地的舵把子，还当过石鱼乡的乡警队长，又是江源镇大舵把子陈洪拐的"拜弟"，也是该码头的第二号头目。他唯陈洪拐马首是瞻，是袍哥界中颇识大理、比较明智的人物。土匪叛乱时，他和陈洪拐不但拒绝了四周各码头的邀约，还协助共产党平叛。在叛乱高潮期间，他参加了双流县各界人民代表会议，被县上任命为擦耳乡治安主任。他不仅充当擦耳新政权与江源陈洪拐之间的桥梁，还直接率领兄弟伙保护群众，并协助解放军打击叛匪。

除以上舵把子外，擦耳岩乡乡长刘遐龄及其手下的得力人员张玉清、李伯英等，以及精选队员的大多数，都参加了袍哥。擦耳岩到底有多少袍哥，谁也说不清楚，许多无拳无勇的生意人、老实巴交的乡下农民，为了怕受欺侮，也挂名当了袍哥，甚至连一些小朋友，也被家长挂名参加了袍哥，不过都是"小老幺"而已。真袍哥一般都是耍枪的，不是某舵把子手下的兄弟伙，就是某大爷的"拜弟"，并且要参加码头上的各样活动，为袍哥社会尽到某种"义务"。

袍哥们一般不把地方政权放在眼里，我行我素，甚至横行霸道，欺压善良，为害一方。反过来，乡保人员倒有点怕他们，乡保长一般也参加了袍哥，沆瀣一气。

随着新中国成立，成都各地平叛的结束，擦耳岩的袍哥组织彻底烟消云散。

二、袍哥劣迹

覃宗良老人在其纪实性回忆录《往事如烟》中记述了民国时期擦耳岩袍哥的种种劣迹，可作为研究四川袍哥和擦耳岩民国史的一部真实资料。以下内容节选自该书（有删改）：

> 擦耳岩是双流县袍哥势力较强大的地区之一，也像其他地方一样，内部派系林立、互不相统、矛盾重重。由于擦耳岩的地势和周边环境，本地袍哥和外地袍哥结成非常复杂的关系，在擦耳岩这个舞台上上演了无数的惨剧、闹剧。"二李"之间打"明仗"是一个重要事件，还有打死康幺嫂，特别是打死李、朱两二嫂等事件，就是袍哥之间争风吃醋以及拐带奸情等原因造成的，影响更为严重、深远。
>
> 李崇嵩，是李善培的"拜弟"，任擦耳岩袍哥支社崇义社代理社长。他基本上是个浑水袍哥，好打斗。手下兄弟伙一二十人，枪支弹药都很充足，够得上是擦耳岩的一霸。有一次，不知为了什么事，街

上另一袍哥李少清（外号"李九窝"）得罪了他，他非要收拾李少清不可。少清是个不怕事的亡命徒，与外地袍哥有勾结，并不买账，有一天李崇蒿给他下了战书，要打"明仗"。这一天，李崇蒿作好战备，带了十多名兄弟伙，个个都握了上了膛的枪，开向扯谎坝那条街来，在李少清家门口往返走几次，不见李少清影子，只好班师回去。又一天，李家寺逢场，李崇蒿只带心腹熊华轩赶场，坐在李少甫（李少清兄）茶铺内喝茶。李少清事前打听确实，在伙伴的掩护下冲进茶馆连连开枪，把李、熊二人打翻在地，马上逃之夭夭。

熊华轩虽然是个打手干将，但因为太突然了，来不及还手，身中数弹，已是致命伤。此人中高身材，微黑，包金牙，头戴个博士呢帽，常住在正街北端李崇蒿家。熊华轩断气后抬进李家寺小学，停放好几天后才抬走安埋。

李崇蒿的下身挨了两枪，有一颗子弹把睾丸打掉，虽然不死，但从此成了根基不全的"废人"。

李少清打死熊华轩、打伤李崇蒿一事，在擦耳岩袍界引起极大的震动。因为他不是打"明仗"，而是打"暗仗"，且是在外地袍哥的掩护下干的，很不"落教"，大家要为李、熊报仇，清除李少清这匹害群之马。于是，在李善培等舵把子的首肯下，就派枪法很好的"南路打手"李德云去把他击毙，李德云也因此结了仇家。

李崇蒿伤愈后，因中年丧偶，又娶个年轻妖艳的女人做填房妻子，世称"李二嫂"。众所周知，李崇蒿像是被"阉"了的人，娶了这样的女人哪能不出事呢？不久就发生了三江镇袍哥徐德操（的三公子徐兰亭）的拐带奸情事件，而且把擦耳袍哥码头"总当家管事"朱少廷的年轻妻子朱二嫂也卷了进去。此事发生后不仅李崇蒿不甘心，整个擦耳袍界也觉丢面子，就向三江袍界"拿上付"，出"全堂花押字样"，要"捞梁子"。后来由安仁镇的刘文彩和五姨太夫妇俩出面调解，但也不成功，最后，李崇蒿还是指示兄弟伙把李、朱两二嫂打死，抛尸金马河上。

这件事把整个川西袍哥界都闹响了，影响深远。①

---

① 参见宗良：《往事如烟》，内部资料，2012年版。

第十六章
黎明前成都革命浪潮中的擦耳岩

本章提要：国民党发动内战，成都与全国许多地方一样，开展了学生反饥饿反内战请愿运动，遭到国民党当局的镇压，擦耳岩在川西南工委的领导下，利用擦耳岩的交通要津，开展了掩护学生活动和利用学生发动农民翻身讲习活动等。擦耳岩的革命活动，是川西南成都地区红色革命的一个组成部分，特别是建联络站，办《火炬报》，为成都地区黎明前的黑暗带来了亮光，为革命人坚定革命信心，起到了极大的鼓舞作用。

一、擦耳岩掩护成都大学生

1948年，国民党发动内战，加紧了对国统区人民的压迫与剥夺，造成国统区严重的经济危机，货币贬值，物价暴涨，人民群众挣扎在死亡线上。这时，蒋介石急令四川加征粮食100万担，征兵数十万以挽救其战场上的败局，并将他的亲信、反共老手王陵基调往四川任省主席。为配合解放战争的正面战场，中共川特委和成都市委决定，以各大学正在要求配售平价米为由，放手发动群众开展反饥饿、反内战、反迫害的斗争，给走马上任的王陵基来一个下马威，以此动摇蒋介石在四川的统治。

在王陵基举行就职典礼的当天下午，国立四川大学、华西协合大学等院校4000多人的请愿游行队伍，从华西协合大学广场出发，沿途高呼口号，揭露反动派打内战、搜刮人民的罪行。当请愿游行队伍到达督院街四川省政府时，王陵基这个重庆"三三一"案的刽子手当场拒绝了学生的请愿要求，并下令早已准备好的军警用刺刀、警棍向手无寸铁的学生大打出手，当场打伤学生200余人，逮捕学生132人，女大学生游训天惨遭枪刺，李维晶、罗宗章被打成重伤，地上到处流着爱国学生们的鲜血，这就是震惊全国的"四·九"血案。

图 16-1　反饥饿学生游行/引自网络

血案发生当天，中共成都市委召开了紧急会议，决定成立"四·九血案后援会"。被捕的同学在四川省政府里坚持斗争，他们高唱《团结就是力量》《跌倒算什么》《义勇军进行曲》等歌曲，革命的歌声震撼着摇摇欲坠的国民党黑暗统治的上空。

在市委的领导下，国立四川大学、华西协合大学等大专院校先后罢课，华西协中、市立女中、川大附中、华美女中、西北中学等学校以及成都各界也开展了各种声援活动。国立四川大学的学生绝食一天，抗议国民党的暴行。后援会印发《"四·九"血案告全国人民书》，把王陵基的暴行公告天下。南京、上海、北平、天津、武汉、厦门、广州、杭州、唐山、昆明、重庆等城市的许多大学革命团体和学生以及台湾同胞纷纷来电来信声援成都学生的斗争。在全市学生不畏强暴、坚决斗争和社会舆论的强大压力下，国民党反动派坐立不安，王陵基被迫释放了全部被捕学生，并配售了平价米，斗争取得了胜利。

但是，爱国学生运动后，国民党加强了对学生的镇压，特别是对学生骨干，更是实施秘密逮捕。为了保护学生骨干，中共地下党组织学生秘密向农村转移。

擦耳岩就是国立四川大学学生骨干的秘密转移保护点。在党组织的领导下，擦耳岩又掀起了革命浪潮。

1949年5月，中共地下党组织决定将川大一批在爱国运动中引起敌特注意的学生疏散到农村，主要是党的外围组织"民主青年协进会"的成员，他们先到牧马山某农家大院隐蔽并学习培训一段时间，部分由彭先云接到擦耳岩徐茂森家，来的有李绍庭、陈威仪、李天洁、罗曼云等，除了早些时候来的张泽石已安排在徐瓦窑外，这批人都分散到邻近各乡，分别以长工、短工、教师等身份为掩护，在人民群众中宣传革命，组织力量，扩大"新同会"和"农民翻身会"规模。

二、组织学生开展革命活动

（一）新同会

1949年4月下旬，在川大从事学运的地下党员张泽石接受了新的任务，随周鼎文来到擦耳徐茂森家，与彭先云接上了头。当日彭和徐茂森、徐海东把他装扮成青年农民的样子，住了一两天后，就送到红石乡徐瓦窑徐海东家，在那一带开展农运活动。这是一块比较僻静的地方，反动势力较为薄弱，却有一批有一定文化又不安于现状的青年人，是党在农村最能团结争取的力量。他们在张泽石和徐海东的带动下，成立了党的外围组织"新民主主义同志会"，简称"新同会"，搞得有声有色。不久，川大一批学生疏散到此后，"新同会"更加壮大，扩展到邻近各乡，如擦耳的陈开楠、柑梓的冯德纯等有名教师也加入了"新同会"。徐瓦窑一带，还在广大农民中间成立了"农民翻身会"，把党的地下刊物《火炬报》登载的解放战争逐步胜利的消息，以及党的政策、毛泽东的文章等在群众中传播开来，并教唱革命歌曲，教扭秧歌舞，使徐瓦窑这块僻静乡村成了双流县的红色据点，波及邻近各地，并与大邑县的"二·五减租"遥相呼应，下一步就要准备搞地下武装了。由于徐海东工作出色，被周鼎文、彭先云一起介绍加入了中国共产党，并成为地下党擦耳联络站的重要成员，经常沿着下游河坝那条路往返于徐瓦窑和擦耳之间。

（二）《火炬报》

张泽石原是清华大学学生，在校时就入了党，从事地下活动。不久，秘密到解放区受训，然后分派到川大搞学运工作。除了在徐瓦窑一带开展农运外，他的重点工作是在徐海东家里秘密办《火炬报》。他还被川西地下党任命为双流、新津和温江三县党小组负责人。

1949年下半年，擦耳联络站的工作更繁忙了，除了不断的人员接送，文件传递，武器转运和各种情报的收集和上报外，《火炬报》的创办更是一项艰巨的任务。《火炬报》属川西地下党直接领导，报社设在徐瓦窑徐海东家里，人力物力上主要靠擦耳联络站掩护和支撑，它实际上受川西地下党和擦耳联络站的双重领导。报社的主要负责人是张泽石,他"颇富艺术细胞",歌舞吹弹及编排、绘画、刻写、速记等,样样都会。不久,又调来曾在华西晚报社工作过的秦慕良大力协助,徐海东及其全家都是得力的工作人员。报社的全部家当就是一台用来偷听记录新华社广播的矿石收音机和一台破旧的油印机,其余就是刻写用的钢板、铁笔和蜡纸。他们因陋就简,千方百计,夜以继日,终于使《火炬报》在这年的7月1日出了创刊号,向党的生日作了一份很珍贵的献礼。以后又连续不断出印发行,联络站暴露后,秦慕良携带全部器材转移他地继续刊行。这份报纸虽然发行量不多,少则几十份,多则几百份,但影响极大,主要由徐海东及其妻杜静修,还有徐茂森妻吴云霄等,秘密往来于成都及附近州县,传到各交通员之手,再由他们秘密分发到各机关团体、学校乃至狱中,地区扩大到整个川西乃至西康省境。它像一把熊熊燃烧的火炬,照亮了仍处于黑暗世界中人们的心。《火炬报》转载了毛泽东的许多文章、著作,新华社社论,党中央决定、决议,人民解放军布告,解放战争胜利形势和新中国成立等振奋人心的消息,使广大人民尤其是监狱中和逆境里的革命志士们看到了光明,增强了拼搏的勇气。

(三)联络站

1949年初,彭先云来擦耳岩主持地下党联络站,最初主要是负责成都、大邑、邛崃、新津、双流、温江、崇庆、灌县等川西一带地下党组织的交通、疏散、文件传递、武器转运,掌握敌情并保证往返同志的安全等任务,立足之后再相应开展各项活动。作为一个外地人,开展这些活动困难颇多,好在以前肖汝林在擦耳打下一些基础,袍哥大爷徐茂森及民盟组织大力掩护和配合,很快打开局面。彭先云逐步团结了当地的一批青年人,在他们当中宣传共产党的思想、理论和政策,讲一些当地人不太了解的国共两党的形势,尤其是解放战争的发展情况,使这些本来对现实不满的青年人看到了光明,愿意投身到革命的大潮中去。在此基础上,进一步发展党的外围组织,广泛发动群众,壮大革命力量,为武装暴动迎接解放做好充分的准备。在徐茂森家里,彭先云认识了徐海东,二人成为最可靠的朋友,最亲密的战友,使联络站如虎添翼,各项活动全面展开,进展迅速。

徐海东是邻乡红石徐瓦窑人,徐茂森的远房侄儿,无事常来徐家耍。徐瓦窑这个地方是以前徐氏族人开过砖瓦窑的一片乡村,紧靠金马河边,与红石、擦耳距离相等,约六七里路,有一条较宽的小路直通擦耳,当地人来擦耳比到红石还要方便。徐海东出生在一个农民家庭,从小敏而好学,上过中学(与双中教师彭德新等很熟），当过小学教员，其时失业在家务农。他读过许多书，较早接受新思潮影响，对当前国共两党的斗争善于思考，明辨是非。所以，自从结识彭先云后，他很快投入了革命的怀抱。覃宗良回忆道："我少年时代在徐家就认识此人，二十多岁，黑瘦，但带有一股读书人的气质。在和我们这批小朋友摆'龙门阵'时，谈吐不俗，很有独见。即使他当时还不是一个共产党人，正处于'请缨无路，报国无门'的苦闷彷徨境地，但已经具备了一种不同于一般人的品质，所以，他必然成为彭先云优先发展和依靠的对象。"

（四）擦耳岩危急时刻

1949年农历八月初十，彭先云接到上级紧急通知，擦耳岩联络站暴露，要求联络站所有同志马上转移。

彭先云牢记着当初来擦耳岩时，周鼎文嘱咐他"同志们的安全是最重要的"。他马上通知了所有同志转移。但擦耳岩联络站怎么办，每天联络站都有外地的同志来往，联络站如果没人招呼掩护，外地来的同志就会落入敌手。

在这危急时刻，徐海东向彭先云请求留下，掩护外地同志，彭先云不同意。

"我是本地人，好掩护。"徐海东说。

"不行，不能留下一个人，有安全问题。"彭先云坚定地答道。

"但你却留下了很多外地同志的安全问题了！"徐海东又坚决地请求道，"让我留下吧，没事的"。

在徐海东的强烈要求下，彭先云也考虑到外地同志们的安全和徐海东是本地人的情况，无奈地同意了，并再三叮嘱徐海东注意安全。

徐海东临危不惧，在党组织遭遇危险时，不顾个人安危，挺身而出，避免了外地来往同志被捕，而自己却不幸被捕。

更加不幸的是，徐茂森也被捕了。

老奸巨猾的擦耳乡乡长刘遐龄，一直怀疑徐茂森，但又不敢声张，特别是副乡长兼精选队长廖永孝之死一事，刘暗地里审问过当时的精选队员，为啥廖一回话，明确他的身份后，对方就只向他开枪，而其他人一枪都没挨。此后，刘更加怀疑徐茂森的背景，但也不敢轻举妄动，只能等待时机。刘遐龄知道，徐茂森背后肯定有一大群人，那就是共产党，他可不愿成为第二个廖永孝。

擦耳岩联络站暴露后，敌人派来一个营的兵力，要抓总负责人彭先云。刘遐龄一看时机到来，就死缠住徐茂森不放，谎称要与徐一起到双流县上开会，刘与徐到县府后，县长廖向辰向徐茂森出示了"逮捕证"，徐茂森被捕。

（五）成都十二桥遇难

徐茂森和徐海东被押往成都监狱。徐茂森在监狱里受到绳绞、电刑、撬杠子、鸭儿浮水等酷刑，敌人轮番审讯，徐都没有说出半点共产党的情况。徐的左腿被压断，足趾被砸掉，几度昏死，但始终咬紧牙关，履行了他的诺言"死不掉底"！

徐海东在监狱里也受尽酷刑，他严守党的秘密，没有暴露党的任何情况。

1949年12月7日深夜，成都十二桥发生了秘密大屠杀，徐茂森和徐海东与其他革命同志一起被杀害。临刑时，烈士们高呼口号，震动全城。在国民党撤退、人民解放军尚未进城之际，死难者家属和一大批市民蜂拥到十二桥屠场，扒开了泥土，清理出烈士们的遗体，哭喊声和咒骂国民党之声震天动地。死难者包括王干青、杨伯凯、于渊等省上知名人士，他们后来集中安葬在青羊宫烈士陵园里（现在属于文化公园），徐茂森的坟墓是第九号，徐海东是第二十六号。叔侄俩的英名不仅在故乡，也在全县和全川广为传扬。三十年后，彭先云、张泽石等专门来成都，由周鼎文陪他们前去凭吊二徐之墓，并看望了徐茂森之妻吴云霄。

接上级指示，擦耳岩联络站负责人彭先云迅速将培养起来的"新同会""翻身会"等成员带到了雅安名山，加入了川康边游击队。

除在成都被杀害的徐茂森、徐海东外，擦耳岩还有八位同志在家乡遭到敌人报复杀害。他们是：杜永青（徐海东妻子杜静修的父亲）、杜蒙氏（杜静修的母亲）、杜瑞清（杜静修的姑姑）、杜华斌和杜克明（两人系杜静修的弟弟）、杜少安及妻子和黄平安（三人系农民翻身会成员）。

三、解放军进驻擦耳岩

1949年12月，解放军从几个方面合围成都，打响了"成都战役"。盘踞成都的蒋军各部（主要是胡宗南部）乱作一团，加上12月9日，川军"刘、邓、潘"在彭县起义，还有川西地下党的策反工作，使蒋军和四川地方军大部分起义投诚。成都这座具有悠久历史的文化古城，最终免遭战火之焚。

1949年12月25日，四川省参议员侯健元、双流县参议长彭光烈、县长缪向辰等召开会议商议起义事项，发出起义通电，派人与解放军取得联系，并准备欢迎解放军的标语、物资等。12月26日，解放军第二野战军第十一军进入双流县域，双流和平解放。

尽管双流和平解放，但在彭镇，还是打了一场追击战。

1949年冬，中国人民解放军第二野战军杨勇兵团，由川南经乐山、青神进军成都，12月24日夜，该部第十军在新津宝子山给予胡宗南李文部以沉重打击。26日，李文、李振两个兵团残部由成雅线退回双流县城，又窜至彭镇，构筑防御工事，以燃灯寺、火烧桥、灯影树坟地为第一道防线；湖广馆口、川主庙口、刘家碾场口为第二道防线；镇内街道设施为第三道防线。

解放军第二野战军十一军三十三师，奉命追击胡宗南残部，于12月26日下午4时许发现敌阵地，立即分左右两翼包抄彭镇守敌。从右翼进攻的解放军，经罗江桥等地，在裴家碾利用河沟、坟地掩护向燃灯寺、刘家坎发起冲锋。从左翼进攻的解放军找来当地保长带路，到邓家坟地，向殷家墙边射击，迂回攻下灯影树坟地，将敌第一道防线攻破一缺口；同时在和尚堰请来农民带路，沿放水沟向上匍匐前进，用机枪猛烈射击燃灯寺守敌侧翼，配合裴家碾解放军，从右路突击敌人第一道防线。黄昏时，解放军进入李家院子，该院后墙正对彭镇，居高临下，从背部猛烈射击，敌伤亡惨重。被视为咽喉的碉堡及火烧桥阵地立即崩溃，解放军全面突破了第一道防线。

趁着黄昏，解放军向第二道防线逼近。李振兵团发射信号弹，率部起义，解放军从左翼突破第二道防线，占领湖广馆口，向杨柳河上第二大桥猛攻，李文部负隅顽抗。解放军战士冒着密集火网，抱枪滚过猪市桥，冲垮敌军最后防线。李文兵团残部从白布市场口，经糠市场口向大邑方向溃退。解放军三十三师继续猛打，迫使该部在大邑起义投诚。

12月26日下午在彭镇打的那一仗，擦耳岩也听见了隆隆的炮声。入夜后看见那个方向火光冲天，枪炮声越来越近，老百姓们惊慌失措，纷纷往附近乡下亲戚家躲避，没有亲戚的一般都跑到上游宋家庵和邓家大院去躲。宋家庵尼姑对街上居民都很热情，管吃管睡。邓家大院就是吴云霄的娘家，继父姓邓，已经过世，邓婆婆对乡亲们关怀备至，唯恐招待不周，大锅饭办了好几台，还腾出一些床给老乡亲睡。这是典型的农家大院，台阶上放满风谷机、拌桶、连盖、垫子、箩筐等农具，还有个大谷仓，两个月前彭先云就在里面躲了四天四夜。这晚不少乡亲也睡进这个谷仓，度过了一个不眠之夜。直到后半夜枪炮声才渐渐消失。

12月27日天亮，听说擦耳岩来了好多解放军，擦耳岩解放了。乡亲们都说回去看看，于是陆续回到了擦耳岩。回来一看，擦耳岩成了一座"兵山"，满街都是穿黄军装的士兵，大部分是国民党俘虏兵，少数是解放军。不同的是，解放军大多头戴钢盔，手拿长枪，英气勃勃，而国民党兵则无精打采，惨相十足。这是人们第一次见到传说中"杀人放火"的"红军",印象不错。还看见一群穿黑棉服带短枪的彪形大汉,据说是解放军的先遣队——黑虎队。

据覃宗良回忆,当天,解放军大部队开进擦耳岩来,"约有两个班住进我家里,他们自带粮食,请我们帮忙煮饭一起吃,饭后就在酒铺内打地铺睡觉。有一个长官模样的北方大汉还同我父亲在厨房烧火板凳上坐着摆龙门阵,说的是他们为什么要打国民党,我在旁听得津津有味"。由于解放军纪律严明,态度和蔼,居民们消除了恐惧,有的商店开门营业了,街上显出一点生气来。

乡政权倒了,乡公所的人都跑光了,解放军进驻。彭先云也出现在街上,他带着部分川西人民游击队员跟随解放军打回来,此后调往县上工作,剿匪时还来过擦耳。

不久,刘遐龄也大摇大摆上街来了,身后紧跟着万少泉、尹少廷两名原精选队员,有个解放军长官在乡公所门口跟他谈了一阵话,大概是找他来了解点情况或移交什么手续,他只露了这一面,就回上游鲢鱼寺老家去了,全家早在成都战役前夕就从街上搬过去了。

几天来,短小精干的王成辉忙得不亦乐乎。他是街上的保长,一向办事勤谨,解放军来后也有用得着他的地方,例如安顿住宿、张罗油盐柴菜等。只见他满头大汗边走边对旁人说道:"'百'路军走一拨又来一拨,把我的两条腿都跑安逸了。"他不像别的伪保长都躲起来了,仍然继续干他的本职工作,难能可贵。

几天以后,解放军大部队开走了,留下一个指导员王兴善,主持地方工作。

一天晚上,王兴善召集街上的父老们在乡公所开会,用当地人还不大懂的北方口音说道:"老乡!我们是中国人民解放军,是来解放你们的!……你们想一想,比一比,到底国民党好,还是共产党好?"在场的五老七贤,如林前三、尹诚斋、伍培卿、陈举卿、李泰安、李华章等,一个个微笑着点头:"共产党好!共产党好!"最后,王兴善要大家回去向乡亲们宣传,不要听信一些坏人的谣言。

自从陈开楠、刘建文出狱后,始终得不到二徐的消息,吴云霄着急了,就去问周列三,周沉痛地告诉她:"老徐叔侄英勇地牺牲了,葬在成都西郊十二桥。"她一听如五雷轰顶,呼天号地大哭起来,就拉着陈开楠一路到成都,打听到的消息证实了这一噩耗。回来后就带领四个儿女去李善培家门口,一字儿跪在李善培面前,要当年的总舵把子出来主持公道,找刘遐龄算账。当时的擦耳岩基本上还处于一种无政府状态,这个李大爷仍被乡亲们当成权力的象征。

但李善培自己心里明白，可以说已经是泥菩萨过河，自身难保了，哪里还能管这样的事。他对吴云霄说，你们两家的事我管不着，共产党来了，你应该找共产党解决去。说完后仍旧叼着长烟杆踱到对门陈汉波的茶馆里去了。吴云霄立起身来，当着围观的乡亲们哭诉刘遐龄如何骗走她丈夫，一去就不回来了，表示一定要到县上找新政府来断这个案子。

徐茂森的死讯一传开，本来平静的气氛开始紧张起来。由于解放军大部队已开走，乡上也很少见到王兴善和武工队员们，不少老百姓又开始担心共产党是否能在本地待下去。此时，谣言四起，说国民党还要打回来，台湾的蒋介石要反攻大陆了，第三次世界大战将要爆发了，弄得人心惶惶。从1950年1月初，直到大年前夕的一个多月时间里，擦耳岩保持了一段表面的沉寂。这是成都战役这场暴风雨过后短暂的沉寂，是一种令人感到非常沉闷而难受的沉寂。它预示着一场更大规模的暴风雨即将来临，擦耳岩将要经历一场前所未有的血与火的洗礼。

第十七章
叛匪血洗擦耳岩

本章提要：擦耳岩解放之初，国民党不甘心失败，发动了土匪叛乱。以原擦耳岩乡长刘遐龄为首的叛匪，先后两次血洗擦耳岩，第一次杀死八人，第二次杀死十人，擦耳岩陷入一片恐怖之中。解放军对刘遐龄及其残余势力进行了彻底的追击逮捕，在双流对刘遐龄进行公审后镇压，并在擦耳岩召开多次公审大会，擦耳岩终于进入新时代。

一、叛乱席卷双流彭镇擦耳岩

成都解放后，国民党残存的军事力量基本被消灭，但潜伏下来的军警宪特，坚持反动立场的地主豪绅、袍哥、乡保人员、封建会道门分子等，仍有相当大的势力，一旦时机成熟，必然发动叛乱。早在成都解放前夕，特务头子毛人凤等就在成都举办了"西南游击干部训练班"，网罗了一大批原国民党的"社会基础"，以袍哥为主。当时，双流参加过"游干班"训练的人员多达几百人，除了袍哥，还有乡保人员、兵痞流氓等，擦耳岩的刘遐龄、三江镇的李麻子等人都是"游干班"的骨干。他们受训后还从成都领得大批枪支弹药，李麻子的兄弟伙从成都领得枪支弹药回来时，还不到擦耳岩就对天放枪，像放鞭炮似的，一直放到河对岸听江村。他们领得的大多数是"中正式"步枪，也有几挺轻、重机枪，全是新造的。他们要人有人，要枪有枪，受特务的煽动，以为共产党的日子不会长久，国民党还要打回来。因此，不仅一般不明事理的袍哥容易卷入叛乱，就是某些稍有头脑的学派人物和社会贤达也容易被蛊惑。

当解放军大部队开走，征粮工作刚开展之际，某些头面人物认为时机成熟，以抗征粮为理由，开始策划武装叛乱。策划者以县城的大舵把子、"游干班"的"军师"等为主，参加者有各乡镇的乡镇长和袍哥喽啰。

1950年2月，他们开始了有组织、有计划、有预谋的叛乱。

2月12日，双流彭镇征粮工作队队长乔增光（解放军干部）等去柑梓乡检查工作，夜间被叛乱分子枪杀在王家石桅杆，同时遇害的有队员余仲昌。当时脱险的有副队长周继丰（地下党员，双流民盟负责人之一）、王寿山（柑梓工作组长，解放军排长）、周奇京（盟员，柑梓工作组成员）等人。

13日上午，不少柑梓的叛匪又冲来彭镇，与彭镇部分叛匪一起攻打彭镇仓库，当场打死一赶马车正在运粮的解放军战士。当时保卫仓库的有盟员王齐锐、甘声惠、江国孝、李静安等，终因寡不敌众而分散撤退。王、甘等绕小路去双流，江、李二人则往擦耳岩鲢鱼寺方向跑，被叛匪打散了。

江国孝、李静安都是红石乡人，江出身贫寒，李比较富有，二人是岐阳小学同窗好友。当时他俩之所以朝鲢鱼寺方向跑，是希望得到吴家染坊吴子丹的庇护，吴是李静安的岳父。殊不知这一跑又投入了刘遐龄的罗网，他俩事前还不知道刘遐龄也开始行动了。李侥幸翻墙躲进吴宅，江还来不及翻墙就被刘遐龄的部下抓获，当即押到鲢鱼寺街上，由李崇蒿审讯。李要枪毙江国孝，幸好吴家染坊吴庆云及弟吴子丹跪地求饶保释，江才幸免一死。

13日这天，红石工作组组长徐崇礼（解放军排长），被攻打乡公所的叛匪头目周治安、李文藻等杀害。李文藻曾经是擦耳小学教师。

14日，周洛京（地下党员，盟员，柑梓工作组副组长）、王定阳（盟员，工作组员）、王维斌（县税务科长）在柑梓常存寺被宋学良等杀害。

同在14日，擦耳的周龙威（盟员，擦耳工作组副组长）、刘建文（盟员，工作组员），在擦耳做工作后返回双流时，在彭镇"桩桩麻柳树"被柑梓叛匪头目王敬如等杀害。同时，盟员蔡美瘁在九江被杀。

15日，盟员袁长碑在红石被杀，因其家曾是征粮工作驻地。

2月13日至14日，执行公务的解放军骑兵团长杜家兴，带了几名战士和一名勤务兵路过彭镇前往双流，当时闻知土匪叛乱，便改走小路朝黄天坝机场（柑梓境内）方向去，走到彭镇与柑梓交界处的兴福寺，遭遇了柑梓的大股土匪袭击，他同勤务兵不幸被俘，几名战士脱险后赶紧朝黄天坝跑去。杜团长大义凛然怒斥土匪，被拉下马来拴在马腿上活活拖死，勤务兵也同时遇难。杜团长后来安葬在双流县烈士陵园里，是第一号坟墓。他遇难之村后来改名为"家兴村"。

2月17日大年初一，刘遐龄纠合李崇蒿、朱少云、朱银洲等率领叛匪三百多人，去擦耳岩下游的新津兴义乡的杜林盘，枪杀了徐海东之妻杜静修的娘家亲人和亲友共八人。

一瞬间，整个双流除了县城，广大乡镇一下变了色，回复到解放前的状况。2月14日至15日全县叛匪相约打双流城，纠集了上千人，以柑梓宋学良的人马最多。但这些队伍互不相统，又无作战经验，是一群乌合之众。守城解放军只有一排人，外加一百余名"自卫队员"，但有作战经验，并且部署和指挥得当，多次打退叛匪进攻，保卫城池不破，终于在除夕那天解围。当时双中的师生们也参加了北门外的保卫战，在最紧张的时刻，教师彭德新冒险亲自出马，去做某些认识的土匪的工作，劝他们不要打了。

　　在大约半个月的时间里，广大乡镇仍然是叛匪的天下，虽然刘遐龄很少在擦耳岩街上露面，但他的兄弟伙，还有附近各地的叛匪分子，常在街上吃喝玩乐，在乡下拦路抢劫的事时有发生。一些地痞流氓也趁机出来浑水摸鱼，估吃霸赊，搞得乌烟瘴气。

　　在彭镇，柑梓乡的宋维勋在"柳江东"茶铺挂起了"反共救国军新十二军"的招牌，自任"军长"，擦耳乡人王逸奎、刘蓉分别出任"参谋长"和"军需主任"，双流的彭笑山也被委任为"团长"。宋在成都解放前就是国民党新十二军军长，并参加了毛人凤在成都举办的"游击干部训练班"。但在解放军合围成都时，他已无力约束部下了，任他们纷纷"倒戈"，从成都到新都去向一野解放军"起义"投诚。他只好带领少数随从亲信，回到双流老家，静观时变，待机而动。成都解放后，他积极参与了全县的叛乱策划活动，又重新打出了"新十二军"旗号，主要收罗原来部下的一些散兵游勇。同时，刘蓉回到擦耳，在丁字口面向正街的茶铺门口也挂起"反共救国军"旗号，招兵买马，但效果不佳。他穿戴的是胡宗南部队的军衣军帽，不久就偃旗息鼓回彭镇去了。

　　由于叛匪们是本地人，一般老百姓容易受他们的蛊惑，误以为共产党要"共产共妻"，解放军回来要"开红山"，一听说解放军来了就跟着叛匪们往乡下跑，不断"扯风"。1950年2月16日，正值除夕，由于不断"扯风"，年饭都吃不成，大年初一更是冷冷清清，正街上除了伍晓轩的茶铺里坐着几个常见的五老七贤外，店铺几乎全关着，路断人稀。初二上午又来一次"扯风"，有人亲眼见到一队军人从尹家碾大路那边开过来，吓得全街人赶快四下躲避，结果是一群被遣散回家的国民党俘虏兵，虚惊一场。大家围上去向他们打听"双流打下来没有"，士兵们只是笑着摇头，觉得这些老百姓问得太奇怪了。因叛乱，擦耳岩对双流县城的情况不甚了解。然而，初三那天，即2月19日，河西十二里处的三江镇，一场激烈的战斗打响了，擦耳岩人不仅看见那边浓烟滚滚，而且听见了密集的枪炮声，人们觉得大祸快要临头了,心惊胆战。

原来,成都警备区鉴于川西匪患剧烈,于大年初一派出一营解放军到南路一带剿匪,让老百姓好好过个年。也许对匪情估计不足,一营人太少了,解放军在双流的黄水河和新津的花园乡对一些股匪进行打击后,迁回到崇庆县三江镇,李麻子纠集的崇庆、大邑、新津、双流等地数千名叛匪,在三江镇把这一营解放军层层包围。战斗从白天打到晚上,引发了一场大火,全镇都笼罩在一片火海中。解放军人数虽少,但武器精良,英勇善战,以少许伤亡代价歼灭了大股叛匪,突围出去。在进入听江村地界后,李麻子等不敢追击,部队得到陈洪拐、李复兴的接应,顺利渡过金马河,经擦耳、彭镇、双流回了成都。

当三江镇的战斗打得正激烈时,不断有人从河西那边跑过来,有的说:"仗火打得好凶哦!李麻子真厉害,打死好多解放军啊!"有的说:"三江口的房子全烧光啰!"正在一些人幸灾乐祸之际,2月20日上午,解放军部队突然从金马河西岸踏桥过来了,吓得街上居民来不及关门闭户,一齐跑向四周田野里躲起来。解放军从河西进街后,并不停留,沿正街南下左拐,又从东头场口上出来,继续向双流方向进发。队伍拉得很长,前锋已到李家寺,后卫还在擦耳岩街上。队伍中间夹杂着一些担架和穿便衣的人,担架上是受伤的解放军战士,穿便衣的一部分是武工队员,一部分是被俘叛匪。队伍过尽后,居民们才回到街上来,一切秋毫无犯,于是,人们开始怀疑解放军要"开红山"的传说是否真实。

图 17-1 川西剿匪/引自网络

鉴于双流县匪情严重,成都军区首长余秋里来双流指挥,对叛匪实行大清剿。1950年3月1日上午,约有一团人开向擦耳岩。这一天正是擦耳岩逢场,赶场的人特别多,不少是带枪的叛匪,以三江李麻子的兄弟伙最多。听说这天解放军要来打擦耳岩，刘遐龄就纠合了邻近各乡的同伙，准备在这里与解放军大干一场，就像十天前在三江镇一样。经过几次"扯风"之后，解放军部队真的从东边开过来了，赶场的人和街上居民纷纷四散奔逃。叛匪们散布在村外田野上摆好迎战架势，主要是拿手枪的，步枪不多，机关枪更少见。但他们事前没有估计到这次解放军是大部队开来的，很快就被打垮了，争先恐后往上游、下游和河对岸逃窜。解放军没有穷追猛打，先占住了擦耳岩。

不知为什么，很短的一仗，就使街上的房子着火了，烈焰冲天，吓得有些逃跑的居民又往回奔，看是不是自家房子烧了。实际上着火的是观音堂那条小街，只有三四十户人家，不一会儿工夫火就熄了。这条街上陈酱油家的房子也被烧了，但家徒四壁，没什么值钱的东西。他儿子陈子清是武工队员，跟着解放军回来了，来家救父亲和搬东西时，只把一担酱油桶挑出来，算是主要家当了。

覃宗良说，他父母亲是往河西跑的，刚过河，一见这边起火了，母亲赶紧抱着幼小的三弟没命地往回跑，父亲在对岸大声喊叫也不听。这时解放军与叛匪正隔河对射，还发射了炮弹。她跑到长长的大木板桥中间，一颗炮弹落在身边桥下炸开了，溅起很高的水柱。她摇晃一下身子，差点与三弟一起栽到河里去，当时两岸的人都看得很清楚。她虽然受此一惊，还是不顾一切，拼命抱着三弟跑回家来了。一看不是自家房子着火，千幸万幸，似乎比生命还重要。事后街坊们议论此事，都说她因为有孝心、为人好，所以才大难不死，必有后福。

解放军打走叛匪后，在擦耳岩长驻一段时间，加强对老百姓的宣传，使大家不再相信"共产共妻""开红山"的误传，思想观点开始倾向共产党了。解放军开走后，就要筹建乡政权了。

1950年3月上旬，双流县召开了"各界人民代表会议"，由县军事代表侯国材主持，军区首长余秋里作重要讲话，肯定了全县征粮与剿匪工作的成绩，分析了当前的政治形势和敌我双方力量的对比，宣传了党的剿匪政策，使各界人士受到极大的教育和鼓舞。

盟员陈开楠被选为擦耳乡第一任乡长。会后，各乡镇成立治安委员会等基层组织，擦耳乡治安主任是李复兴，副主任是胡静斋，妇联主任是吴云霄，此外还有农协代表、商会代表、手工业代表、摊贩代表等。全乡十六个保，每个保选出一个治安委员。覃宗良说，街上（二保）选出的是他父亲覃汉文，他父亲虽然也是袍哥，但与李崇蒿、刘遐龄等没什么关系，父亲的确是反对叛乱、倾向共产党的，所以才当上全乡这个最重要的二保的"治安委员"。

由于李复兴住河西十一保，时不时过河来一下，主要充当双流县与江源陈洪拐之间的桥梁，乡政府治安委员会就让胡静斋多担待一点。胡静斋也是擦耳岩的一名袍哥舵把子，但没有什么实力，相当于一个闲大爷。成都解放之初，他被共产党争取和开导后，思想观点是反对叛乱的，所以这次当此重任。据覃宗良回忆，父亲覃汉文常去胡静斋家里商谈工作，胡则经常躺在烟盘子旁抽大烟，一副萎靡不振的样子。当他抽足烟后，有时还提着手枪在街上走一走，算是摆一下威风。但他也没有什么实力，身边一个随从都没有。实际上，真正能担起保卫乡政权重任的不是治安委员会，而是王兴善领导的武工队。

刘遐龄经过3月1日的剿匪打击后，暂时退缩鲢鱼寺老巢，将手下人员化整为零，待机而动。李崇嵩在同一天遭到了毁灭性的打击，解放军用三团人围剿杨公夏林盘土匪巢穴，他和手下的几百名叛匪（包括他收编过来的一百多名国民党的散兵游勇），几乎全部被俘，杨公一带的匪情基本肃清。就整个双流来说，土匪残余势力大概主要集中在擦耳和柑梓。

陈洪拐是崇庆县江源镇有名的袍哥舵把子，与徐茂森等常有往来。江源虽属崇庆县管，由于历来与擦耳关系密切，平叛中纳入了双流范围。陈洪拐前期有劣迹，但不同于三江的惯匪李麻子，这与他们各自所交的朋友有关。李麻子交的是土豪劣绅、大特务周尊然，陈洪拐交的是开明绅士、民盟成员张子为。张以前当过县长，退居乡里后颇有声望，并与陈洪拐交谊深厚，他们被称为江源的文武二才。张子为是周列三的同学，与省师范关系甚密，于1948年由周介绍加入民主同盟。陈洪拐有此密友，后期颇识大理，早在成都解放前夕就拒绝参加"游干班"训练，后又拒绝周围各码头邀约参与策划叛乱，是川西地区袍界中少有的倾向进步的人物。

当叛乱风暴席卷双流全县时，党对各地方势力进一步加强争取，首先争取的对象就是河西江源的陈洪拐。其时，地下党员周铎镐因在彭镇搞征粮工作遇险，又不好回双流，只好与别的同志一起到江源镇去，暂住张子为家，并通过张对陈洪拐继续做工作。张对陈说："国民党八百万军队都被共产党消灭了，这点土匪还成得了气候吗？"陈洪拐进一步坚定了协助共产党平叛的决心。1950年2月19日，三江镇战斗打响时，周铎镐还在江源，通过张要求陈："枪口一定要对准李泽儒，若李溃退下来，就坚决消灭；若解放军突围，一定要接应。"陈洪拐与他的拜弟李复兴率领部下照要求做了，帮了解放军的忙，使其顺利跨过金马河回成都。

在匪患最烈的时候，陈洪拐接受了双流县"清乡司令"的任命书，是侯国材亲写的，由一交通员秘密送到陈手上。他不负重托，既牵制了三江李麻子的势力,也拖住了擦耳刘遐龄的后腿,并使他和李复兴的地盘听江村成为擦耳岩居民躲避匪患之地。在解放军实行第二次大清剿时,他大力配合,派部下埋伏于金马河天心渡,当刘遐龄股匪准备过河逃跑时,遭到他的阻击,迫使其沿河上窜,最终被擒。柑梓匪首王敬如和汪耀廷潜逃到江源时,被他查获,立即押回双流。当平叛胜利结束后,他觉得任务已完成,将所有枪支弹药全部上缴双流县公安局,遣散手下兄弟伙,表明他是一个顺应形势、深明大义的人。

二、叛匪血洗擦耳岩

（一）刘遐龄第一次血洗擦耳岩

刘遐龄原是擦耳乡的伪乡长,1950年2月13日,他纠结柑梓的宋氏弟兄,红石的王晓晖、周治安,杨公的李崇蒿、朱少云、朱银洲,以及河西三江的李麻子等,组成了一支约三百人的叛乱武装力量。

刘遐龄是一贯坚决反共的,徐茂森和徐海东二人的被捕,就是他策划的。他知道共产党不会饶恕他,对他来说叛乱是必经之路,故没有丝毫犹豫。他参与了全县各地方势力的共同策划,是全县立场最坚定的叛匪头子。

2月13日上午,刘遐龄带领擦耳红石的叛匪,从金马河上游场口摸进擦耳岩,小心翼翼地沿正街向乡公所前进。许多老百姓看到他就立马关上了门,从门缝里观察他们的行动。大胆点的老人、孩子站在门外台阶上看。只见他们到了乡公所,一部分人冲了进去,见没人后出来,在门口撕毁原来解放军贴的告示和标语,还举起枪高喊一声"打倒共产党"。一部分人在丁字口包围吴云霄家,然后冲进去一些人,见家中没有人,就在屋里大抢大砸一阵,把枕头被子都掀翻一地。

原来,王兴善等武工队员早就得到情报,提前离开了乡公所,转移别处。吴云霄一家早就躲了,开始是躲在河西江源陈洪拐处,后转移到双流县城。所以,这次刘遐龄的突然袭击都扑了空。只见他肩上倒挂一支冲锋枪,杀气腾腾带着一部分人又沿正街往回走,走到伍晓轩家门口,见一堆老人、小孩在那里看热闹,就跨上台阶,隔壁李华章马上端一个凳子给他坐下。他坐下后,点燃一支烟,一边抽一边喃喃自语地说:"徐茂森的婆娘想告我,龟儿子武工队的人想抓我,看我先把他们收拾了再说……"

在场的老人们只好堆着笑脸应酬他一下。他抽完烟后,站起身来,招呼喽啰们,带着队伍回鲢鱼寺老家去了。

几天后，2月17日（大年初一），刘遐龄纠合杨公的李崇嵩、朱少云、朱银洲等人，率领叛匪去了擦耳岩下游新津县兴义乡的杜林盘，枪杀了徐海东之妻杜静修的娘家亲人和亲友共八人。

（二）刘遐龄第二次血洗擦耳岩

1950年4月29日，即农历三月十三，擦耳岩逢场，这一天，擦耳岩发生了自叛乱以来震动全县的最大血案，就是后来人们常说的"三月十三土匪抢场"，实际主要不是"抢场"，而是血洗，这一血案的罪魁祸首，就是刘遐龄。

刘遐龄等人在3月1日第一次大清剿中遭到打击后，暂时潜伏，养精蓄锐，对于擦耳乡初步创立的新政权，他们视若眼中钉，待机进行报复，必欲除之而后快，于是，趁解放军开展第二次大清剿前夕，他们实施了灭亡前的猖狂一跳，血洗擦耳岩。

4月29日上午赶场人数达到高峰前，刘的三百来人，分别从擦耳岩北端场口和东边李家寺方向，开枪杀奔擦耳岩来了。赶场的人一听枪声大惊四散，据覃宗良回忆，他当天在家，听到枪响，他也随着一股人奔向金马河临时搭的桥，跑过河西去了。背后的枪声越来越密，他一直跑到河西对面大土墩背后才定下心来。这时李复兴带领十多名兄弟伙提着枪来到河边，他是奉陈洪拐之命，前来接迎逃过河的擦耳岩群众的。陈洪拐和李复兴是被解放军争取了的袍哥，与刘遐龄等叛匪划清界限，保护老百姓。

叛匪占领擦耳岩后，见有人朝河西对岸跑，只朝河西打了一阵枪，没有追过河去。

枪声中，擦耳岩街上遭到了大抢劫，赶场的老百姓拿的东西和店铺里的东西，只要他们看得起，就硬抢拿走。但他们的主要目的，是搜寻他们要报复的对象。

擦耳乡工作队的王兴善和武工队员们因人少，一得到情报马上就转移了。吴云霄一家和胡静斋等怕遭报复，得到消息后，就提前离开擦耳躲在别处。但陈开楠没有走，仍在乡公所里办事，一听到枪声才躲起来，他从乡公所后门出去，躲进附近的菜籽田里，所幸未被发现。

覃宗良说，他父亲事前一无所知，上街买生姜，一听到枪声想回家躲，有人提醒他千万小心，他才意识到自己有生命危险，就跑到正街上老朋友徐斌安家里藏起来。二爸覃少卿也来不及往外跑，就跑到隔壁廖婆婆家，钻在床底下躲着，土匪进廖家搜查时未发现他。土匪们没有找到要报复的对象，就拿未跑脱的家属和一些他们认为"相关"的人来出气。胡静斋虽然本人跑了，但留在家里的六口人都遭了殃，全部被枪杀在灶房里，血流满地，惨不忍睹。原来这六口人来不及跑，为了躲流弹，就集中在灶房里躺在地上，用厚厚的几床棉被盖着。当土匪们进门发现后，就用机枪、步枪、手枪等集中火力向地上进行扫射，惨叫声响彻这条麻纱市街，其情景何等恐怖。另外，武工队员杨氏弟兄的后母被枪杀在家门口，两个年轻人，即尹太医的五子和陈汉波的二弟，土匪借口说他们"给共产党通风报信"，一个被打死在正街上，一个被拉到河边上枪毙，同时还打死打伤一些毫不相干的人。吴云霄（徐茂森妻）家没有人，土匪们一窝蜂冲进她家米店茶铺，大抢大砸一通。

以下为覃宗良的回忆：

  幸运的是李家寺我外婆家，因二舅陈开楠是乡长，必然是被血洗的对象。但有个柑梓土匪头目李友山，过去与我们覃、陈两家都有旧好，卖了个人情，他先跑到外婆家门口堵住，不许别的土匪进门，这才使外婆家免遭厄运。戏剧性的是我二爸覃少卿的遭遇。当日午后他以为平静了，从廖婆婆家出来，恰被正要撤退的土匪刘福荣（刘遐龄的干将）看见了，当即准备捆绑他押往鲢鱼寺，听候刘遐龄处理，一去肯定没命了。突然又听到枪声大作，原来是工作队王兴善带领武工队打回来了。土匪们丢下他马上逃走，但他又落在武工队手中，也差点送了命。原来，叛乱之初，他被胁迫跟刘遐龄跑过一下。他是老袍哥，老国民党员，刘遐龄当然看重他。但二爸生性老练精灵，太冒险的事他绝对不干，所以很快就脱离了叛乱队伍。刘遐龄对他恨之入骨，认为他已倒向共产党了，又有人说陈开楠通过我父母警告过他，千万不要参加叛乱，他才脱离叛乱队伍的，这也有可能。他为了躲刘遐龄，先跑到乡下某亲戚家，后跑到成都东糠市街妹丈张清云处，直到农历三月十二朋友伍兴和还乡结婚，才赶回来参加婚礼，其时擦耳岩已经平静了两个来月，他认为没事了，殊不知第二天就碰上了土匪抢场，真是巧合。当日午后，武工队接受县上指示，听说擦耳岩乡亲们遭难，在补充了人员和枪支弹药后，奋不顾身，杀回了擦耳岩。土匪们一见武工队，不敢恋战，庚即撤退。武工队一进街，就发现了我二爸，认定他是来不及撤退的土匪，马上捆绑起来，准备拉到河边上枪毙。二婶哭喊着来叫我妈，妈赶紧找到二舅陈开楠，陈马上跑到河边上喊枪下留人，把事情大概说清楚后，终于饶了二爸一命。这次二爸的三魂已被吓掉，觉得无论国民党、共产党都想要他的命，夹在其中难以生存，干脆再次一跑了之，又跑到成都东糠市街去了，直到平叛结束，真正平静之后才回来。

作为解放后擦耳乡的第一任乡长陈开楠，确实书呆子气息太浓，只知勤于办事而疏于防范，险些落在土匪手中。既然武工队和胡静斋、吴云霄等都早得情报提前转移走了，他还待在乡公所里，到底为什么呢？土匪撤退之后，我刚从河对面回来，就看见他提着一支手枪，脸色阴沉沉的，半低着头在正街上走着，而身上穿的却是一件很破烂的棉袄，像个叫花子似的。我估计他当时是化了装的，更便于隐蔽和躲避土匪。

我全家鉴于胡静斋一家的教训，更是怕得不得了，最害怕的时候是躲在听江村街上的曾大木匠家。记得那次除了大哥当学徒住在师家外，我们全家，还有二婶带着很小的四弟，还有邻居女孩郑素华，我们都一起在曾大木匠家住了一夜。房间住不下，我与父亲、妹妹和素华就在天井的阶沿上打地铺，直到我睡熟之前，一直听到父亲不断的叹息声。他是在为自己和全家的命运担忧。他还不知道，最近响起的枪炮声，就是在平叛，黎明的曙光已经到来了。

擦耳岩被血洗的几天里，附近不断听到枪炮声，人们不知道解放军已在实行第二次大清剿了，以为土匪还要来打擦耳岩，仍然是人心惶惶，笼罩在一片恐怖气氛中。乡亲们大多数往河西听江村跑，那里天天都像赶场一样热闹。

三、镇压叛匪刘遐龄

据《双流县志》记载，1950年2月12至13日，双流县各乡土匪相继叛乱。14日，国民党特务头子李泽儒率匪2000余人围攻双流县城。当时县城驻有解放军1个排、地方干部20余人及3个起义自卫中队，总共200余人，人枪不足，情况危急，县党政领导立即作出周密部署。匪首宋学良亲率柑梓乡及彭镇匪首数次猛攻城北，皆被奋力击退，并击伤永福乡匪首徐元怀、击毙叛匪多名，匪徒被阻于李家园一带，不敢再攻，其余3门匪徒见状，惊恐万状，畏缩不前。战斗相持一昼夜后，匪徒于15日下午撤离县城，隐伏待动。

2月28日，解放军川西军区调集6个团，对双流叛匪进行清剿，军区首长余秋里亲赴双流，坐镇指挥。解放军以3个团向彭镇、擦耳、柑梓、金马4个乡进击；另3个团向红石、杨公、黄水、义兴等乡进击，实施迂回围剿。在彭镇龙家砖桥与匪战斗后，匪首袁子林、张全义、王少安等望风而逃，解放军乘胜挺进，将盘踞在杨公乡夏林盘的匪徒包围。战斗中毙匪数十名，活捉匪首李崇蒿，数以百计的胁从者束手就擒，几百名国民党兵举手缴枪，夏林盘1000余名匪徒全部肃清。

"三月十三土匪抢场"这一事件表明，当时双流县西部地区的匪患依然严重，农历三月中旬，军区首长余秋里又重新调整部署，对盘踞柑梓、擦耳的土匪巢穴发起围歼，实行第二次大清剿。部队在上游吴家石桥与叛匪接触后，以泰山压卵之势猛攻前进，对负隅顽抗者不再留情，当场击毙悍匪多人。刘遐龄在高砖桥、鲢鱼寺一带连遭打击后，率残部企图从天心渡过金马河逃跑，被埋伏在河对岸的陈洪拐迎头痛击，只得沿河上窜到刘家壕。解放军追到刘家壕后，将原乡长戴文周、舵把子戴光周俘获，要他们交出刘遐龄。二戴以前和刘遐龄关系密切，虽然未参加叛乱，但刘入境后"不阻、不击、不报"，有窝藏掩护之嫌，罪加一等。二戴此时就顾不得朋友情面了，表示愿意戴罪立功，给解放军当向导，帮助捉拿刘遐龄，于是带领解放军一直追到温江附近的醪糟店，终于把刘遐龄擒获，还搜出机关枪数挺。刘被押解到彭镇后转送双流，群龙无首的叛匪土崩瓦解，万少泉等只好主动投案"自新"。消息传到擦耳岩，居民们消除了恐惧，不再躲避匪患了。

在红石当头目的"串脸胡"周治安，更是一名铁杆叛匪。平叛之后也在双流参加"自新"。他自知罪责难逃，就越狱逃跑，并抢得枪支弹药，沿路打死打伤追捕的武工队员多人，最后逃往黄水河附近躲藏。约有一连解放军围剿他，他在一条已干断而且较深的河沟里，不断跑动变换位置，在茅草的掩护下用手枪向解放军连连射击，几乎弹无虚发，也打死打伤若干名解放军，最后留下一颗子弹开枪自毙。死后被抬在板桥梓马路边，供过往行人参观。路边树枝上还挂着一顶解放军的军帽，上檐被子弹穿了洞，有人解释说，这是连长的帽子，被这个悍匪打的，幸好子弹擦头顶而过，未伤着，这顶帽子表明了这个连长不愧是剿匪英雄。

图 17-2　四川剿匪/引自网络

1950年的农历三月底四月初，解放军再次实行大清剿，主要扫荡牧马山曾炳章、刘少儒和柑梓乡宋学良残匪。宋是刘遐龄第一次进擦耳岩的帮凶之一，这时赌本输光，走投无路，只好主动投案"自新"。与此差不多同时，三江的李麻子在成都枕江旅馆落网。至此，擦耳岩一带算是彻底平叛，乡亲们可以高枕无忧了。

第一次公审大会在双流城南公园召开，首批镇压的共四人，为首的是擦耳乡人、杨公叛匪头子李崇蒿，依次是朱银洲等，他们是在第一次大清剿中被逮捕的，所以第一批拿来开刀。在台上的监斩官中，有一个是杨公镇的"治安主任"帅珍儒，原是个社会名流、"清水"袍哥大爷，当过县参议员，参与过策划叛乱，后来被争取过来反对叛乱，并参与平叛，当上"治安主任"，所以这次被请在台上"监斩"。

第二次公审大会在双流城北坟坝广场召开，规模较大，全县有好几千人参加，由第一任县长侯国材主持，他作了非常激昂的讲话，全场激动万分。这次被镇压的共五人，为首的就是擦耳乡人、全县著名的叛匪头子刘遐龄，其次是柑梓乡叛匪头目汪二麻子等，他们是在第二次大清剿中被逮捕的，所以第二批拿来镇压。

第一个上台控诉的就是刘遐龄的生死冤家、徐茂森的妻子吴云霄，她声泪俱下地历数了刘遐龄如何害死她丈夫的经过，在叛乱中又如何想杀死她全家，到后来喉头哽阻，说不下去了，突然从腰间抽出一把雪亮的匕首，走到台前弯腰揪一下刘的左耳，然后朝他背后捅了一刀。刘的反应较快，一扭头就闪了一下身，刀捅得不深，但背部流了一大片血。这一霎时的突变，大大惊动了全场，从此，有关徐、刘两家的宿怨，以及地下党擦耳联络站的事迹，才为全县人所知晓和传扬。

由于参加叛乱的叛匪多，主要头目在县上开公审大会镇压，其余的犯人就分散到各乡镇去开公审会了。

图17-3　各乡召开公审大会/引自网络

擦耳乡开过五次公审大会，三次在河坝操场上，一次在李家寺小学门口广场上，一次在鲢鱼寺一个田坝里，每次都镇压十个左右，擦耳岩是全县各乡镇中犯人最多的。

几次公审大会后，双流及擦耳岩叛匪终于被肃清了。从此后，擦耳岩才彻底解放，正式进入了新时代。

第四篇
擦耳岩旅游开发

擦耳岩有两大旅游资源，即四川旅游集散中心区位优势和独特丰厚的历史文化。擦耳岩两岸有大量的河湾沙洲湿地，这是将两大旅游资源转变成无限财富的广阔空间。这两大旅游资源，是擦耳岩的金山银山，是永不枯竭的财富源泉。擦耳岩发展旅游，打造四川旅游集散中心，有利于四川旅游线路模式的完善，有利于成都城市旅游发展布局的优化，有利于成都及周边旅游的共同发展。

本篇分析了当前四川旅游集散中心存在的弊端，归纳出四川旅游集散中心规模匡算公式，并通过旅游集散中心在成都中心城区和擦耳岩的运营分析图，直观比较四川旅游集散中心建在成都和擦耳岩两地的优劣。

擦耳岩若大力发展旅游，打造四川旅游集散中心，将成为历史文化旅游名城，其历史文化价值将得到更充分的展现。

第十八章
四川旅游集散中心区位优势资源

本章提要：擦耳岩距成都天府广场约 25 千米，紧依岷江金马河中段，地处川西坝子腹部，四通八达，具有交通优势。而目前四川旅游线路模式，是以成都老城区为集散中心，形成往返式辐射型特征。随着成都城市的发展，以成都老城区为旅游集散中心已经不适应当前的需要了，将集散中心调整出老城区，已经迫在眉睫。擦耳岩正是承担这一旅游集散中心功能的最佳地点，将旅游集散中心转移到擦耳岩来，有利于优化城市功能布局，促进旅游业的发展。

一、四川省旅游线路模式特征

四川省是旅游大省，成都是我国著名的旅游城市。一直以来，成都市区在四川省旅游发展中，承担着旅游周转集散中心的服务功能（如图 18-1 所示）。

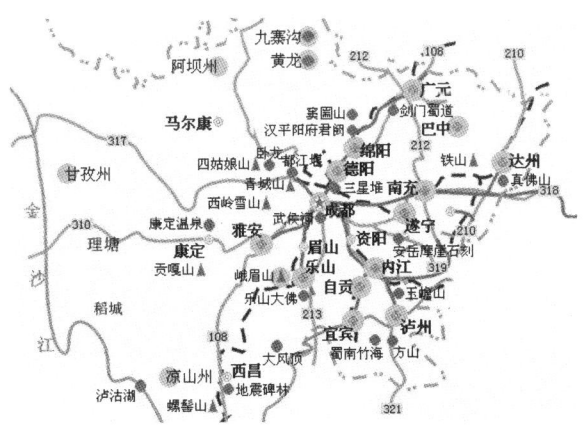

图 18-1　以成都为旅游集散中心的主要旅游线路/引自网络

《四川旅游线路的基本特征与空间模式研究》一文中指出，四川省旅游线路模式类型以往返式、中心集散为主，单目的地式次之，完全环游和区域环游较少，这与四川省特殊的地形有很大的关系。从图 18－2 中可见，以成都为周转中心的往返式线路占比 46.2%，中心集散式线路占比 25.5%，两项相加占比 71.7%。这说明，我省旅游线路的 70%以上是以成都为中心周转集散的。

表 3　四川省旅游主要旅游线路组织模式及频次统计

线路模式	典型线路举例	频次	百分比(%)
单目的地式	客源地—阿坝州—客源地	237	24.9
往返式	客源地—成都—阿坝—成都—客源地	439	46.2
中心集散式	客源地—成都—乐山—成都—阿坝—成都—客源地	242	25.5
区域环游式	客源地—成都—甘孜—阿坝—成都—客源地	15	1.6
完全环游式	客源地—重庆—阿坝—客源地	17	1.8

数据来源：百强旅行社官网公布旅游线路，经整理，搜索时间为 2014 年 1—5 月。

图 18－2　《四川旅游线路的基本特征与空间模式研究》中的统计表

我省拥有五处世界遗产，是游客来我省旅游必去的游览目的地。我省旅游线路主要有成都—九寨沟、黄龙；成都—峨眉山、乐山；成都—都江堰、青城山；成都—大熊猫栖息地等。可以看出，以上线路都是以成都为中心轴，周转住宿集散都在成都，形成了以成都为中心的辐射型往返式模式特征。四川的旅游线路模式，是四川特殊的地理环境决定的，无法改变。

来我省旅游的客人，主要有旅行团和自游行两种方式，80%是乘飞机来，第一站就是双流机场，入住成都（目前已出现自驾车来川旅行，也是以成都为中心周转），结束旅游时也是由成都去双流机场离开四川。成都中心城区（即二环路以内），一直都承担着旅游集散的服务功能。

每天从清晨六点钟左右开始，旅游大巴就要进成都二环内接游客，开始一天的旅行。接到游客后，向三环外的各旅游目的地驶去。晚上，大巴又从各旅游目的地返回成都中心城区，送游客夜宿，第二天一早，又来接游客到下一个旅游目的地。

清晨，路上的车还很少时，旅游大巴就开始进二环去接当天要外出旅行的游客了。从图 18－3 中可见，高架桥上和桥下各一辆大巴，进二环去接游客。

图18-3 清晨进二环内接游客的两辆旅游大巴

接到游客后,就向三环路外出发。从图18-4中可见,同框的五辆旅游大巴,其中四辆接了游客向三环路驶去(高架桥上三辆,桥下一辆),桥下还有一辆进二环去接游客。

图18-4 接送游客的五辆旅游大巴

笔者住在二三环高架桥边的六楼,每天都能看到高架桥上下的旅游大巴,以上就是笔者在窗口拍的照片。

图18-5 接送游客的旅游大巴

傍晚,从旅游目的地回来的大巴,送游客到二环旁饭店住宿(如图18-5所示),尔后再驶出三环去停车,第二天一早再进来接游客。

可见,旅游大巴每天早晨进出中心城区两次,晚上两次,一天进出中心城区共四次。

我们把每天来四川旅游的游客作为一个团,将其在成都、九寨黄龙、峨眉乐山、都江堰青城山等地旅游周转住宿情况,作一解析。各旅游公司每天从成都向各著名旅游目的地发团的情况如图18-6所示。

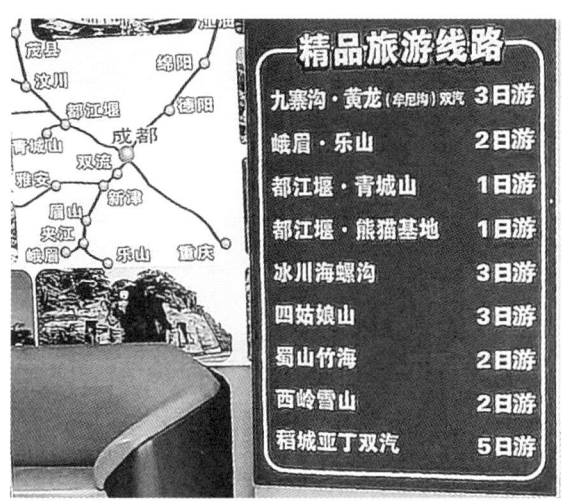

图18-6　旅游公司每天向四川各旅游目的地发团情况

为了解析我省旅游线路模式,我们对每天单团旅游流程和每天混合团旅游流程进行分析,以便摸索其中的规律和规模情况。

(一) 单团旅游流程

第一天,从机场来成都,晚上住宿成都;第二天一早,乘车去九寨沟,晚上到九寨,住宿九寨;第三天,在九寨沟旅游一天,晚上住宿九寨;第四天,游黄龙,晚上回成都住宿;第五天,一早乘车去峨眉山,晚上住宿峨眉;第六天,游乐山大佛,晚上回成都住宿;第七天,游都江堰青城山,晚上回成都住宿;第八天,在成都旅游,晚上旅游结束,去机场离开成都。共计八天七晚住宿,其中成都住宿四晚,九寨住宿两晚,峨眉住宿一晚。这就是四川旅游及住宿的主要线路模式。

(二) 多团旅游流程

我们把每天来的游客作为一个旅行团(不管当天来多少旅行团、自游行游客等，都作为一个团看待），八天为周期，就是八个团，分别以 A、B、C、D、E、F、G、H 代称。八天八个团出行旅游住宿的情况梳理如下：

第一天：A 团从机场到成都，住宿成都。

第二天：A 团从成都去九寨，住宿九寨；B 团来成都，住宿成都。

第三天：A 团在九寨游览，住宿九寨；B 团到九寨，住宿九寨；C 团来成都，住宿成都。

第四天：A 团游览黄龙后回成都，住宿成都；B 团在九寨游览，住宿九寨；C 团到九寨，住宿九寨；D 团来成都，住宿成都。

第五天：A 团从成都去峨眉山游览，住宿峨眉；B 团游览黄龙后回成都，住宿成都；C 团在九寨游览，住宿九寨；D 团去九寨，住宿九寨；E 团到成都，住宿成都。

第六天：A 团游览乐山大佛后回成都，住宿成都；B 团从成都去峨眉山游览，住宿峨眉；C 团游览黄龙后回成都，住宿成都；D 团在九寨游览，住宿九寨；E 团从成都去九寨，住宿九寨；F 团来成都，住宿成都。

第七天：A 团去都江堰、青城山游览，当天回成都住宿；B 团游览乐山大佛后回成都，住宿成都；C 团从成都去峨眉山游览，住宿峨眉；D 团游览黄龙后回成都，住宿成都；E 团在九寨游览，住宿九寨；F 团从成都去九寨，住宿九寨；G 团来成都，住宿成都。

第八天：A 团在成都参观，当天下午或晚上离开成都；B 团去都江堰、青城山游览，当天回成都住宿；C 团游览乐山大佛后回成都，住宿成都；D 团从成都去峨眉山游览，住宿峨眉；E 团游览黄龙后回成都，住宿成都；F 团在九寨游览，住宿九寨；G 团从成都去九寨，住宿九寨；H 团来成都，住宿成都。

二、集散中心叠加效应

由上述多团旅游流程可知，第八天在成都集散的旅游团情况，就出现了叠加效应，这实际是四川旅游团在成都集散的常态。成都作为四川旅游集散中心，每天的早出团和晚归团情况如下：

早上：B 团从成都去都江堰，D 团从成都去峨眉山，G 团从成都去九寨，A 团当天在成都游览后离开成都。

晚上：B 团从都江堰回成都，C 团参观乐山后回成都，E 团参观黄龙后回成都，H 团新来成都住宿。

可见，成都作为旅游集散中心，每天早上向各旅游目的地发团共四个，晚上各旅游目的地回成都周转住宿四个团，这就是目前四川旅游集散中心周转团量在成都中心城区的叠加效应。

叠加效应是指，有多少旅游目的地就有多少团在此周转发团，随着新旅游目的地的不断开发，成都中心城区发团就越多，承担的压力就越大，叠加效应就越明显。

三、成都市区作为旅游集散中心的弊端

通过图 18-7，我们可更清晰地看出，以成都二环路内为四川旅游集散中心的叠加效应。

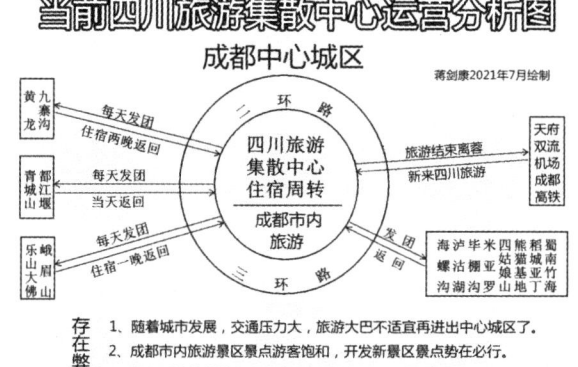

图 18-7　成都中心城区作为当前四川旅游集散中心的运营分析图

图 18-7 清晰地反映了四川旅游线路以成都二环内为集散中心，面向全省旅游目的地辐射，往返于成都市区的模式特征。游客除在成都市内旅游外，很多人至少还要到我省三处世界文化遗产目的地旅游，因此至少有三个晚上在成都纯住宿周转。

按 2019 年成都市旅游 2.8 亿总人次①计算可知，成都市内平均每天有 76.7 万人次旅游，若按 38 人/辆旅游大巴算，早上接旅客外出旅游，晚上返回中心

---

① 据统计，我省 2019 年接待国内旅游人数 7.51 亿人次，接待入境游客 414.78 万人次。据成都市统计局"2019 年全年成都市经济运行情况"新闻发布稿（2020/1/23），2019 年全市旅游总人数 2.8 亿人次。选择 2019 年的统计数据，是考虑到旅游常态，2020 年发生新冠肺炎疫情，属特殊情况。

城区送游客住宿，白天还有在成都市内旅游的，全天共有两万多辆旅游大巴车进出成都中心城区。这造成了以下问题：

一是目前成都中心城区交通拥堵，人口密度大，空气环境等受到挑战（旅游大巴都是大汽油车），中心城区的承载能力同样受到挑战。

二是随着社会进步，旅游人数不断增长，成都市内旅游景点游客量巨大，每到节假日拥堵现象严重，景区接待能力基本达到极限，增加旅游景区景点，是分流游客的最佳办法。

三是因我省旅游线路模式特征，去往九寨、峨眉等的游客，只是在中心城区住宿周转，纯粹是占用中心城区宝贵空间，随着旅游业的发展，来成都旅游的游客还将逐年增加，中心城区将无法满足众多游客的周转住宿需求。

鉴于以上情况，将集散周转等服务调整出中心城区，已是迫在眉睫，终将提上议事日程。

四、擦耳岩建设旅游集散中心的优势

擦耳岩地处成都以西，紧依金马河，距天府广场约 25 千米，独特的地理位置和四通八达的交通环境，是擦耳岩作为四川旅游集散中心的优势，这是擦耳岩可利用的宝贵资源（如图 18-8 所示）。

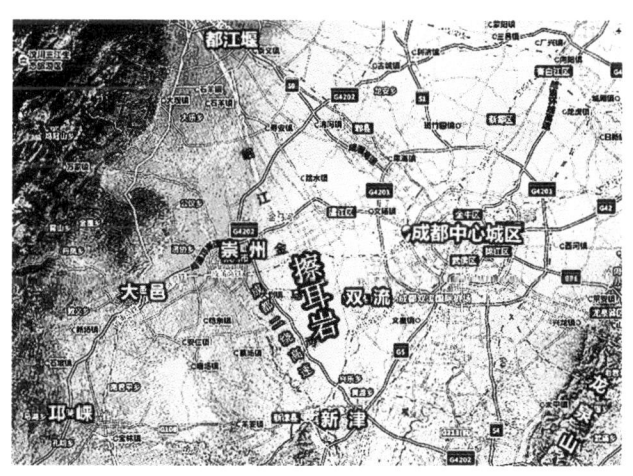

图 18-8　擦耳岩卫星图

若四川旅游集散中心建在擦耳岩，如图 18-9 所示，比成都中心城区方便快捷得多，而成都中心城区只作为游览地，不再作为旅游集散住宿和周转地，这对成都中心城区的交通情况与环境污染的改善是显而易见的。

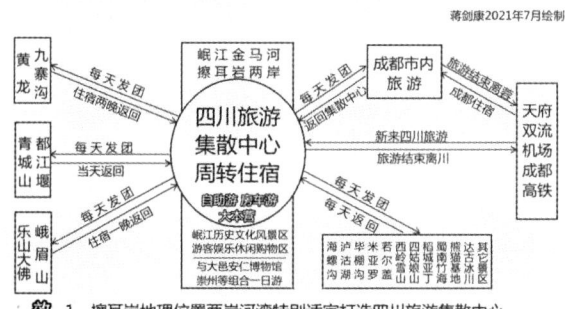

图 18-9　擦耳岩拟建四川旅游集散中心的运营分析图

擦耳岩适宜作为四川旅游集散中心，主要由四大因素决定：一是擦耳岩坐落在岷江金马河边，紧依二绕高速，其地理位置等最适合打造四川旅游集散周转中心。二是擦耳岩有独特而丰富的历史文化资源和广阔的河湾沙洲空间，完全可以容纳百万游客。三是随着城市发展，成都中心城区已经不适宜作为四川旅游集散中心了。四是擦耳岩开发打造四川旅游集散中心，对四川旅游线路的改进具有积极意义和作用，有利于成都城市发展和旅游发展，且能带动崇州大邑等周边地区共同发展。

五、四川旅游未来发展趋势

目前，成都城区在我省旅游发展中承担着两大功能，一是游览功能，二是旅游周转集散功能。成都是历史文化名城，其游览功能是无法转移的，但旅游周转集散服务功能根据需要是可以转移的。成都是著名的旅游城市，但成都中心城区可以不是旅游住宿和旅游集散中心地，把旅游住宿集散服务功能与游览功能分开，将集散住宿服务功能调整转移到更适合的地方去布局，从而减轻成都中心城区的环境压力，已经是成都城市发展的客观需要，也是迫在眉睫需要解决的问题。

随着成都城市的发展和我省旅游业的发展，成都中心城区已经超负荷，不适宜再承担旅游集散服务中心功能了。目前成都中心城区人口密度过大，交通压力过重，环境受到挑战，城市病日益突出。

社会不断向前发展，人民生活水平在不断提高，旅游需求愈来愈大，来四川成都旅游的人愈来愈多，2019年成都每天的旅游人次达76.7万，且逐年增长，以后可能就是每天80万、90万了。四川的旅游潜力很大，新开发的旅游景区多，每开发一处，根据集散中心叠加效应，就要增加一个发团目的地，中心周转住宿的团亦会增加。这样，集散中心就要不断增加住宿量，增加周转服务空间，而成都中心城区已经没有发展空间了。

综上所述，将四川旅游集散中心转移到擦耳岩，符合我省旅游业的发展方向，能更好地满足游客的需求，具有较强的可行性。

第十九章
可开发利用的历史文化旅游资源

本章提要：擦耳岩具有独特丰厚的历史文化资源，如风景廊桥、智慧古渡、王勃"风烟望五津"、杜甫"观搭竹桥""窗含西岭千秋雪"、陆游"断筰飘飘挂渡头"等。此外，岷江水文化资源和岷江沿江民族文化、红色文化、擦耳岩古渡镇文化等，都是可以开发利用的优良旅游资源。

一、风烟望五津公园

擦耳岩可打造"风烟望五津公园"，得名于初唐王勃《送杜少府之任蜀州》一诗开篇"城阙辅三秦，风烟望五津"之句，具有重要的历史意义和现实价值。

现已充分考证，"风烟望五津"的"五津"就在岷江金马河上，是金马河上的五个古渡，擦耳岩即是五津之涉头津，是五津中最具代表性的津渡。因此在这里建"风烟望五津公园"（以下简称"五津公园"），是理所应该的。

王勃这首《送杜少府之任蜀州》有着永恒的生命力，其中"海内存知己，天涯若比邻"之句，为天下华人所知晓，因此，开发打造五津公园，意义深远。

建议在擦耳岩街下游河畔的河湾湿地挖掘长方形湖，可取名"落雁湖"，将所挖掘的砂石堆积于金马河河堤，形成小山丘，山丘上可建楼阁等景点。

五津公园可由以下内容组成：

（一）五津公园大门

公园大门可着重体现古蜀文化风格。

（二）擦耳岩古道要津石碑

擦耳岩是成都去临邛的古道要津，是南下云南、西出印度的南方丝绸之路重要节点，这条路是成都与崇州、大邑、邛崃等地经济文化紧密相连的血脉大通道，也是司马相如与卓文君夜奔的爱情古道。

根据任乃强的考证，古时的邮传道，一路是成都西出擦耳岩去临邛，另一路在双流南下经汉安桥去武阳彭山（参见本书第一章图1-3）。《四川简史》中也记载，南方丝绸之路，从成都出发，一路去邛崃，另一路去彭山（参见本书第一章图1-4）。据此可在五津公园中打造"擦耳岩古道要津石碑"，如图19-1所示。

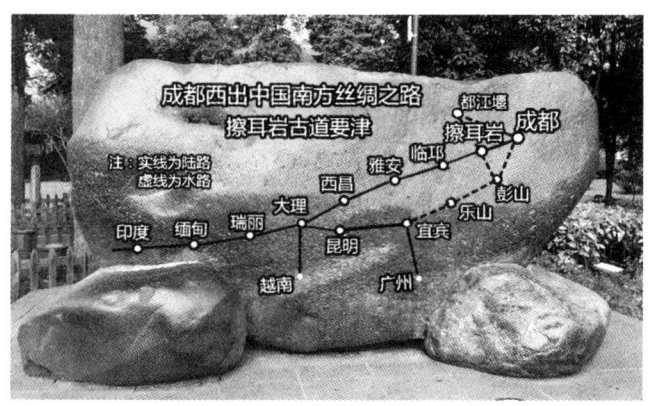

图19-1　擦耳岩古道要津石碑示意图

注：1. 彭山至宜宾为顺岷江而下的水上丝绸之路，修都江堰前，擦耳岩为水路起点，修都江堰后，分水去了成都，于是有了锦江府河，成都为水路起点。2. 返回时，船载物逆水上成都困难，故选择走陆路经擦耳岩过河回成都，因此，擦耳岩为丝绸之路要津。

（三）擦耳岩早期住民碑亭

东晋常璩《华阳国志》对"五津"及涉头津擦耳岩早期住民均有记载，其中"四曰涉头津，刘璋时，召东州民居此"的注解，是对擦耳岩历史最早最翔实的记载，也是考究擦耳岩历史最早的真实证据。这一历史记载，有擦耳岩出土的铜壶和铜染具等文物佐证。公园里可辟地建造碑亭介绍有关东州民的故事。

（四）杜甫"窗含西岭千秋雪"之含雪楼

杜甫在成都写有著名诗句"窗含西岭千秋雪，门泊东吴万里船"，许多外地游客到成都来旅游，都要问，杜甫这首诗中的美景，在哪里看得到？可惜的是，随着城市的发展，在成都已经看不到"窗含西岭雪"美景了，许多游客不免失望地骂杜甫一句"骗子"。

杜甫诗中的这一美景，早已吊足游客们的胃口，这是成都一张潜在的非常好的旅游名片。

伟人毛泽东也有著名诗句"更喜岷山千里雪，三军过后尽开颜"。站在含雪楼上，望着千里岷山雪，想象当年红军千军万马爬雪山过草地的情景，其中承载的历史文化够深厚的了。

这"含雪楼"，自然是千里岷江第一楼，川西平原第一景观楼。

站在楼上，上有世界文化遗产都江堰，下有张献忠江口沉银大血战，远可遥指岷山皑皑千里雪，近则俯瞰岷江潺潺一线水，正可谓：

岷江水轻芦苇静，一抹晚霞雁声落。登楼何时急，西霞落雁时。

这是一座历史文化底蕴深厚的地标性风景楼阁，若能在擦耳岩打造成功，双流的历史文化地位将得到极大的提升。

（五）王勃"风烟望五津"之五津亭

《华阳国志》中记载："其大江，自湔堰下至犍为有五津。""大江"就是金马河，从湔堰即都江堰至当年的犍为管辖地新津，有五个大渡，即王勃《送杜少府之任蜀州》中"风烟望五津"的"五津"。开发修建"五津亭"，具有深厚的历史文化基础。

可在五津公园内选择合适位置打造"五津亭"，五津亭以五座亭相连，分别冠以五津之名，即白华津、万里津、江首津、涉头津、江南津。

五津亭也可称为送友亭、知己亭，源自人人皆知的古诗名句"海内存知己，天涯若比邻"。当年王勃送好友杜少府去对岸的崇州（蜀州）上任，情感至深。

五津亭是古蜀地域标志点，也是"风烟望五津"的标志点，"五津"名声早已流传国内外，五津亭无疑将成为承载地方历史文化的"名亭"。

（六）杜甫陪李七司马观搭竹桥之亭廊

杜甫有"陪李七司马皂江上观造竹桥"的相关诗作，皂江即金马河。过去，擦耳岩年年冬季都要搭竹木临时桥，这里也是成都去崇州最近的河口，杜甫在此陪李七司马观搭造竹桥,最符合实际(相关内容参见本书第十一章)。在擦耳岩河边建杜甫观搭竹桥亭廊,结合杜甫的诗作,宣传当地历史文化,具有可行性。

(七)中国神奇古渡:擦耳岩千年智慧古渡

擦耳岩古渡是老祖宗留下来的,凝聚了天府之国人民的千年智慧。可在五津公园内打造古渡体验项目,向游客展示其科学摆渡原理——笮索吊船,借力驾船。可开发打造古渡模拟体验船,让游客体验中国第一神奇古渡,既充满乐趣,又具有历史文化价值。

(八)中国名胜风景:川西第一廊桥

清末被载入《中国名胜》画册,扬名国内外的擦耳岩廊桥,如今已不为人所知。可在五津公园内重建该桥,再现当年的风采,保留原廊桥的古朴韵味(如图19-2所示)。

图19-2 擦耳岩廊桥复原效果图

(九)乔大壮书馆、刘沅书馆

民国时期爱国文化人乔大壮,有诗词集、书法集、篆刻集等作品存世。川西夫子刘沅曾创立"槐轩学派",著述宏富。在公园里应展示和出售他们的书籍,同时展示多年来人们对他们的研究成果等。

(十)落雁湖

落雁湖是本公园的基本风景,其规模是要绰绰有余地承载200米长的廊桥,并在此开展擦耳岩古渡体验项目。

要五津公园的整体布局如图19-3所示:

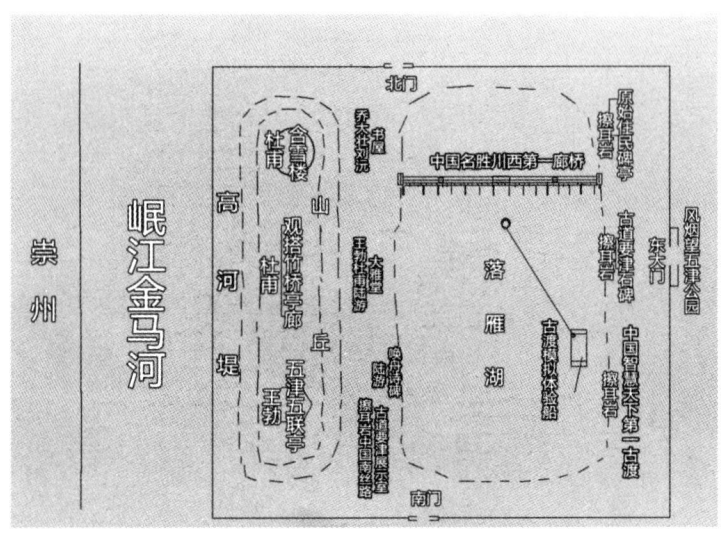

图 19-3 五津公园布局示意图

二、岷江雕塑公园

岷江是我们天府之国的母亲河,以岷江水利文化和沿江民族文化为内容,开发打造岷江主题公园是很有必要的。

一座雕塑就是一座公园。世界上,借助某种信仰或崇拜,打造大型雕塑的著名公园,比比皆是。岷江是四川的母亲河,我们怀着美好愿望塑造岷江圣母像,就是要崇拜岷江,宣传岷江,保护岷江,爱护岷江。其目的就是要爱护我们现在的生存环境。

水是世间万物的生命本原,它滋养了生命,孕育了文化。灿烂辉煌的古巴蜀文化即是在奔腾不息的岷江水的浸润下发展延续的。古巴蜀的兴衰史,就是一部亲水、敬水、拜水的史诗。岷江冲积出了成都平原,孕育了古蜀文明。先秦时期的蜀地,一片汪洋,川西坝子上,水至则泽国一片,苍莽遍野;水退则一片沼泽之国。李冰父子于公元前 256 年修建了都江堰,使成都平原成为水旱从人、沃野千里的"天府之国"。21 世纪初,修建了紫坪铺水库,利用水库的蓄水滞洪调节功能,基本解除了岷江金马河的洪水威胁。

没有岷江,就没有成都平原,就没有天府之国,就没有四川的今天。岷江是四川人民的母亲河,岷江对天府之国的作用和贡献是巨大的、无可比拟的。岷江以前对四川人民做出了贡献,今后还照样做贡献。因此,修建岷江圣母公园,塑造岷江圣母形象,就是为了唤起人们对岷江的崇拜和热爱。

岷江圣母公园可分为岷江圣母广场、沿江民族特色风景图、岷江水利文化展示、岷江水利大事件雕塑群等几大部分。

(一) 岷江圣母广场

建岷江圣母大型雕塑，是为了表达四川人感激岷江、敬仰岷江、爱护岷江的心情，该雕塑是岷江的人格化、神圣化，体现的是四川人民的崇敬心理。

岷江圣母像应高大、庄重、安详，以体现岷江对沿江儿女们的无私奉献、博爱慈祥。岷江圣母形象塑造得如何，至关重要。

(二) 沿江民族特色风景图雕塑

沿江民族特色文化，是值得挖掘的重要资源。可用雕塑形式将沿江各民族的形象及文化特色展示出来，便于了解和宣传岷江沿江民族特色风景风情。

(三) 岷江水利文化展示

利用电影纪录片、影像资料片、图片等，向人们全面介绍岷江，使人们全面了解岷江。从岷江发源地，岷江的形成，到岷江汇入长江的全流域情况；从岷江冲积出了成都平原，都江堰的建成创造出天府之国，到岷江主干金马河出现的水灾，沿岸人民抢修河堤的影片记录，再到都江堰上游修了紫坪铺水库消除了百年一遇的水灾等，详细介绍岷江上游、中游、下游的情况，以及岷江上游的少数民族风情等。

过去，岷江金马河夏季洪水滔滔，冲毁河道，真是让沿岸人民饱尝辛酸，吃尽苦头，年年岁修，无偿修河建堤。修了紫坪铺水库后，才化解了这些灾难。

(四) 岷江水利大事件雕塑群

岷江水利大事件雕塑群可由以下几部分构成：
(1) 岷江大洪水冲积出成都平原，成都平原一片森林及沼泽湿地。
(2) 李冰父子修都江堰，成都平原自流灌溉，形成天府之国。
(3) 1964年7月21日金马河洪水暴涨，擦耳岩街被洪水淹没。县境沿河各公社被淹农田3426亩，冲毁水利工程55处、房屋470间。擦耳公社河西的3个大队以及红石公社九大队、杨公公社十四大队计13个生产队391户1635人被洪水四面包围十余小时。县委、县人委组织机关干部250人，调动机车18辆、木船71只赴灾区抗洪抢险。省委、省人委调来吊车和6只大型木船增援。

7月23日，被困群众才全部脱险。民航派出安尔飞机两架，救济被洪水围困的灾民，抛救济包（内包裹热馒头）。

（4）岷江金马河"冲登子"（上游森林伐木顺水漂来，漫天大水，全河漂伐木，场景十分壮观，犹如千军万马在奔腾）。

（5）沿岸人民（如双流全县人民）年年修金马河的情景。图19-4为20世纪六七十年代，双流民工无偿岁修金马河，全部是肩挑沙石堆垒河堤，手拿铁锄深挖基沟，剧烈的体力劳动是现在的人无法想象的。一定要塑造他们的群雕像，让岷江历史文化永远记住他们。

图19-4　金马河岁修图/引自《双流县水利电力志》

修建岷江水利大事件雕塑群的目的，就是以雕塑形式展示岷江水利水患，展现沿江人民的艰辛和付出，让人们不要忘记保护岷江，爱护岷江的生态环境。

可借鉴北戴河奥林匹克运动公园里的雕塑墙形式，打造岷江雕塑公园（如图19-5所示）。

图19-5　北戴河奥林匹克运动公园里的雕塑墙

利用金马河边原有的河滩，以自然景观形式，修建岷江圣母公园，以曲径小桥、优雅景致、雕塑小品等配置于自然景观中，作为公园的基本色调。每年端午节，可仿古蜀人开展祭祀岷江圣母活动，以带动旅游气氛。

三、红色革命广场

擦耳岩是川西南地区解放前夕中共地下党重要的革命活动地。这里曾经发生了许多可歌可泣的事迹，如掩护成都大学生，开展农民翻身动员活动，建党组织联络站，办《火炬报》等（参见本书第十六章）。

可在擦耳岩建红色革命教育基地，打造红色旅游景点。

四、杨遇春跌马、陆游唤舟雕塑

金马河擦耳岩古渡址两岸码头，可设雕塑小景，东岸码头为杨遇春跌马雕塑，西岸码头为陆游立马唤舟雕塑。

（一）杨遇春跌马擦耳受伤

清朝著名武官杨遇春，崇州人，在甘陕当总督，有次回家乡崇州，在擦耳岩过渡上船，因下马不慎，从马上跌下河坎，摔落了乌纱帽，擦破耳朵流了血，杨遇春心中大为不快，因他身经百战从未受伤流血，没想到竟在此挂彩，一怒之下，就把这里称为"擦耳岩"。

（二）陆游立马唤舟

陆游《自江源过双流不宿径行之成都》一诗中写道："断筰飘飘挂渡头，临江立马唤渔舟。"经笔者考察研究，诗中描写的正是擦耳岩竹索拴挂船渡，因此，在擦耳岩码头建陆游立马唤舟塑像是很有必要的。

五、擦耳岩古渡镇

现在的擦耳岩街已经没了街的味道，连人的气息都很少，一片冷清。对擦耳岩街的开发打造，主要可分为两个部分，一是打造原擦耳岩老街，二是扩大古镇。

（一）打造擦耳岩老街

保持原街道和街形，以恢复原擦耳岩街模样为主，可在老街的街头和街尾，各修建一处牌坊。

（二）川西风情古镇

川西风情古镇的打造要点是用具有川西坝子特点的元素，展现出川西坝子的田园风情。可在金马河引水，通过擦耳岩街，到下游进入岷水湖。什么是川西坝子风情？笔者认为，其突出体现在川西民居与小溪水的关系上。川西民居与其他水乡古镇的最大不同点，就是临水河沟的不同。其他水乡古镇一般是大河大溪，川西民居一般是临屋小沟小溪（如图19-6所示）。巴山夜雨涨秋池，这就是川西民居的真实写照，也是川西坝子的千年记忆。

图19-6　川西平原传统房屋

第二十章
擦耳岩两岸河湾沙洲可承载一座新旅游城市

本章提要：岷江金马河擦耳岩两岸有宽阔的河湾沙洲，是建设四川旅游集散中心，开发打造旅游风景的可利用空间。成都市政府早有对岷江金马河的规划，国家也有支持利用河湾沙洲开发旅游的规定。因此，岷江金马河两岸河湾沙洲，就是开发打造旅游景区的最佳位置。

一、金马河擦耳岩河畔是旅游发展黄金地带

成都二绕高速，川藏高铁和成温邛快速路，成新蒲快速路，将双流擦耳岩金马河畔围成金三角，形成非常好的发展态势。擦耳岩河畔，背靠成都中心城区，面向西边众多旅游目的地，紧临成都第二绕城高速，在地理位置上处于我省旅游中心节点，可成为全省最佳最快的旅游集散中心地。岷江金马河两岸广阔的空间，成为擦耳岩发展旅游的绝对空间优势（如图20-1所示）。

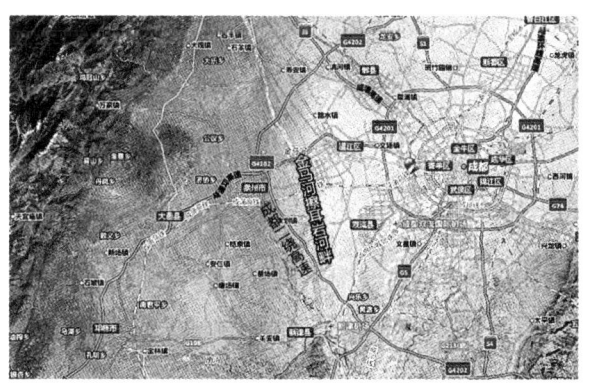

图20-1 擦耳岩金马河两岸卫星地图

(一) 两岸宽阔的河湾沙洲

岷江金马河双流段流域共有 13.95 公里长，上接温江金马，下至新津兴义。沿河东岸主要由金桥镇和黄水镇管辖，西岸由双流、崇州分段管辖。

修都江堰前，金马河是成都平原上的大江大河，受洪水的冲积，两边河岸被冲积得很宽，两岸留下了宽阔的河湾沙石地层，面上薄薄的一层沙土，下面全是厚厚的沙石。修建都江堰后，金马河就成了泄洪河道，每年的雨季都要受洪水冲击。一涨洪水，大量的沙石冲击而来，形成河湾滩涂。21 世纪初，紫坪铺水库修建好后，金马河才没有了洪水的忧患。自从河堤修建好后，原岷江金马河两岸大量的河湾滩涂被隔离出来。

从金桥镇金红路顺路而下，沿途全都是原岷江河岸的沙洲地和沙田，有大量沙石荒地、鱼塘等。由于河湾沙滩贫瘠，不适宜种庄稼，且卵石多，无法机械耕作，因此，目前两岸只能用于建养鱼场，栽树种菜，也有荒地墓地垃圾堆废水坑闲置地等。临江地带巨大的闲置空间，极有利于旅游开发（如图 20-2 所示）。

图 20-2　金马河两岸乱石沙洲湿地

(二) 金马河已消除水灾威胁

紫坪铺水库位于都江堰市麻溪乡紫坪铺紫坪村境内，距都江堰 4.5 公里。

都江堰外江金马河，自修都江堰后，就专司排洪泄洪。受上游岷江山区雨季的影响，每年都有山洪暴发，每年洪水都要冲击金马河，冲毁金马河河道，特别是受上游龙门山地震带影响，地震形成的堰塞湖一旦溃决则会引发洪水，造成灾难性后果。据史料记载，1911—1949 年间，都江堰市境内先后发生洪涝灾害 22 次，其中最严重的是 1933 年的叠溪地震洪水灾害。新中国成立后也常发生水灾，尤以 1964 年 7 月 20 至 22 日最为严重，金马河 90% 以上的堤防工程被冲毁过，因此，金马河一直被定性为排洪泄洪河道。

直到 2008 年,都江堰上游建了紫坪铺水库后,岷江上游的洪水洪峰得到遏制,不再有洪灾。金马河排洪泄洪的历史从此被改变。特别是 2008 年的"5·12"大地震中,紫坪铺水库安然无恙,更说明金马河发生水灾的危险性基本消除。

由于上游修建了紫坪铺水库,发挥了削锋滞洪功能性作用,金马河不再发生洪灾了,尽管金马河现在还定性为排洪防洪河道,但基本上已没有了洪灾的威胁。

二、成都市政府对岷江金马河的规划

鉴于金马河洪灾已被消除,成都市政府对金马河进行了新的规划。2011年,政府公布了《岷江干流成都段(金马河)综合整治规划》,这是进一步治理保护岷江和开发岷江的新的发展蓝图。在规划中,对岷江干流金马河的功能定位不再是单纯的"排洪泄洪",而是要将其打造成为成都平原上的一条水生态长廊。2020 年前,把金马河建设成为"水清、水活、水净、水美"、江河湿地水景交相辉映、蓝天碧水与绿色城市相互融合、人水和谐的滨水生态旅游胜地;2030 年前,将金马河建设成为国家级旅游、休闲、度假示范区,金马河两岸成为成都平原上的一条生态长廊。

可见,成都市已经把金马河作为国家级旅游生态长廊来看待和打造了。金马河的功能定位,不再是单纯的"排洪泄洪",而是要将其打造成为成都平原上人水和谐的滨水生态旅游胜地,一条美丽的水生态长廊。

图 20-3 金马河两岸宽阔的可开发利用的河湾沙洲地

2014年8月21日，国务院印发《关于促进旅游业改革发展的若干意见》，部署进一步促进旅游业改革发展。开发利用岷江金马河两岸大量的河湾滩涂闲置荒地，不占用基本农田，完全符合国务院《关于促进旅游业改革发展的若干意见》中的优化土地利用政策，即"进一步细化利用荒地、荒坡、荒滩、垃圾场、废弃矿山、边远海岛和石漠化土地开发旅游项目的支持措施"。因此，开发打造双流岷江河畔，完全符合国家规划要求。

三、擦耳岩两岸可承载一座新旅游城市

金马河擦耳岩河畔，是建设我省旅游集散中心的最佳位置。擦耳岩以旅游发展为基本业态，以四川旅游集散中心为功能定位，是最适合的。如果在金马河擦耳岩河畔规划打造我省旅游集散中心，不仅能优化和改善成都城区功能，增加我省旅游景区景点，还将促进大邑崇州等周边旅游的发展，具有一点带面之效，可增加游客在四川的旅游时间，其经济和社会效益不言而喻。

（一）方便快捷的交通网

金马河双流河畔，处于成都第二绕城高速路内侧，成新蒲快速路、成温邛快速路等，已将岷江金马河双流河畔围成了金三角。同时，这里离双流机场仅9公里，亦可经成都二绕高速去天府机场（如图20-4所示），附近有成温邛高速、成雅高速、成温邛快速路等，以及地铁3号线双流站、双流机场10号线、成绵乐旅游快铁双流站、川藏快铁双流站等，可以非常方便快捷地去往四川各旅游目的地（如图20-5所示）。

这里天上、地面、地下，都形成了完善的交通网，完全具备打造四川旅游集散中心的交通条件。

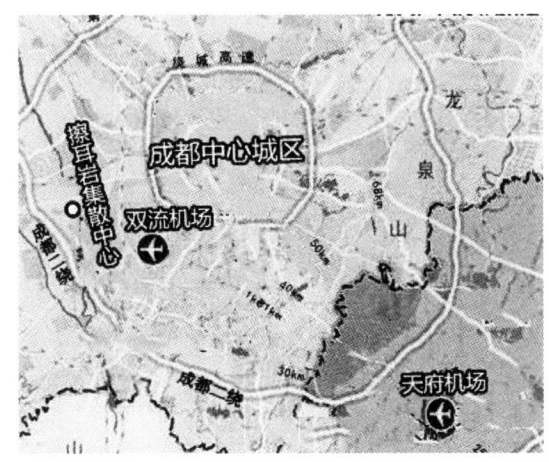

图 20-4　擦耳岩集散中心与双流机场和天府机场位置图

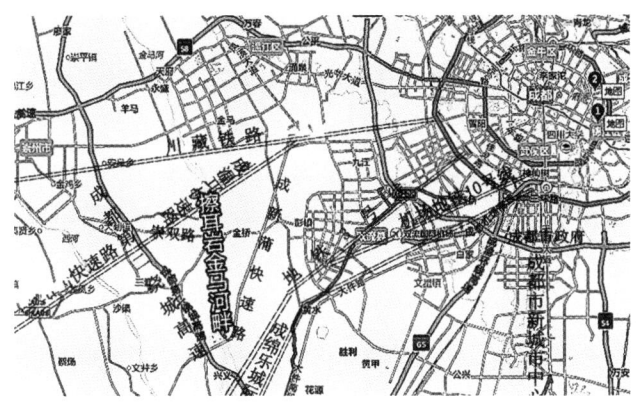

图 20-5　擦耳岩地理位置及交通环境图

（二）旅游集散客运服务

目前成都客运点主要有新南门客运中心（即成都旅游集散中心）、茶店子客运中心、十陵客运中心等，其中最主要的是新南门客运中心，地处成都中心城区府南河边，交通拥堵严重（如图 20-6 所示），将其调整出中心城区当是势在必行的了。

在擦耳岩建四川旅游集散中心，减轻成都中心城区交通压力，效果自然是明显的。

图 20-6　目前旅游大巴进出站繁忙的成都旅游集散中心

（三）旅游住宿服务

外地游客来四川旅游，住宿擦耳岩集散中心比住宿成都集散中心方便得多。

外地游客 80% 是乘飞机来的。一下飞机，就可乘车到擦耳岩集散中心住宿休息，比进成都中心城区住宿方便快捷。旅游结束后去机场，从擦耳岩周转也更方便快捷。这里完全是外地游客进出四川旅游的门户。

可在擦耳岩金马河岸修建大量宾馆酒店，以满足游客住宿要求。

（四）以美食、购物、休闲、娱乐为主的旅游产业服务

可在擦耳岩旅游集散中心附近打造四川美食街，举办各类民俗文艺演出，组织开发夜游岷江等活动，丰富配套服务。

（五）自助游、自驾游、房车游等的大本营服务

自助游、自驾游目前很受欢迎，我国房车游虽方兴未艾，但也应规划筹谋，擦耳岩建四川旅游集散中心，正是我省房车旅游的最佳集散中心地。

（六）擦耳岩特色风景游览和与周边组合游览

可开发打造一系列带有擦耳岩历史文化特色的旅游景点（参见本书第十九章），并与崇州大邑等周边景区联合起来，开展一日游等活动。

（七）进出四川旅游的门户

擦耳岩若建成四川旅游集散中心，将是许多游客来川的第一站，也是旅游

结束离开四川前的最后一站,因此,这里将是进出四川旅游的门户。

擦耳岩未来的旅游景点及旅游线路如图20-7所示:

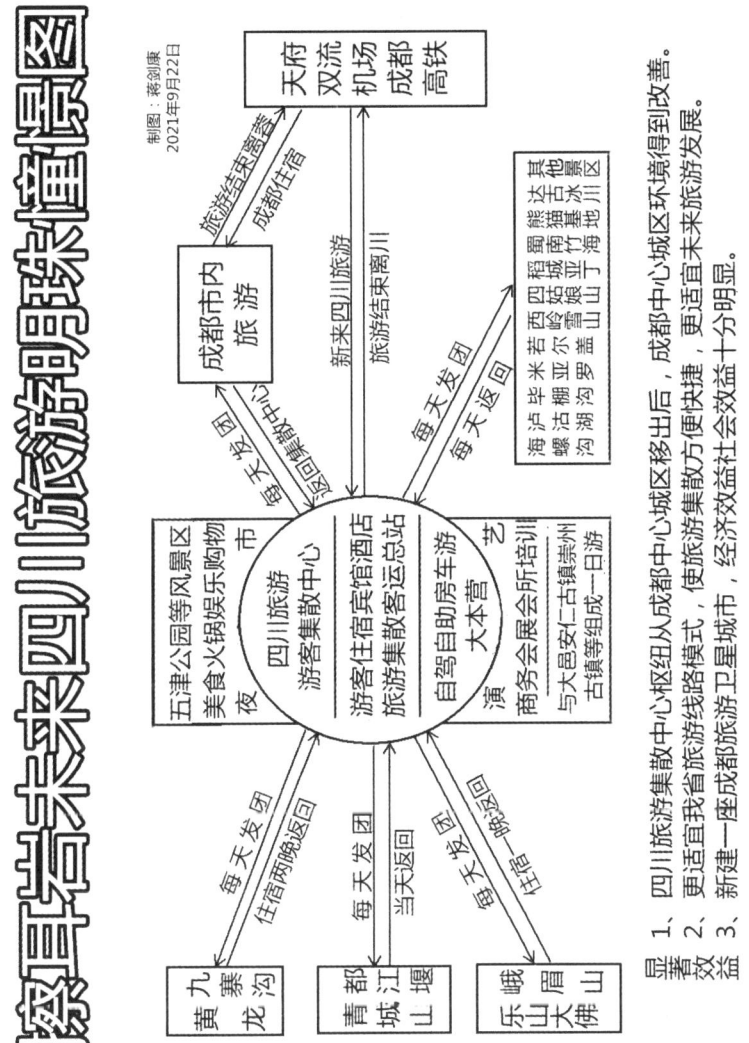

图20-7 擦耳岩未来四川旅游明珠憧憬图

主要参考资料

常璩. 华阳国志校补图注 [M]. 任乃强, 校注. 上海: 上海古籍出版社, 2017.
常璩. 华阳国志校注 [M]. 刘琳, 校注. 成都: 巴蜀书社, 1984.
成都市双流区地方志编纂委员会. 双流县志（1911—1985）[Z]. 成都: 四川科学技术出版社, 2016.
德博拉·爱尔兰. 伊莎贝拉·伯德: 中国影像之旅 1894—1896 [M]. 马茜, 译. 北京: 中国摄影出版社, 2018.
段渝. 四川简史 [M]. 成都: 四川人民出版社, 2019.
冯广宏. 都江堰文献集成: 历史文献卷·先秦至清代 [G]. 成都: 巴蜀书社, 2007.
何一民, 王苹. 成都历史文化大辞典 [M]. 北京: 社会科学文献出版社, 2018.
何一民, 王渝. 成都简史 [M]. 成都: 四川人民出版社, 2018.
姜洪源. 藏经洞卷子流散之见证 [EB/OL]. 甘肃档案信息网, 2018-7-2.
蒋剑康. 认识金马河 [M]. 成都: 四川大学出版社, 2020.
流沙河. 老成都·芙蓉秋梦 [M]. 重庆: 重庆大学出版社, 2017.
马小弥. 难以忘却的记忆——记许寿裳、乔大壮、马宗融三老之死 [J]. 龙门阵, 1981(3).
蒙文通. 巴蜀古史论述 [M]. 成都: 四川人民出版社, 2019.
庞惊涛. 钱钟书与天府学人 [M]. 成都: 四川人民出版社, 2018.
乔大壮集 [M]. 杭州: 浙江人民美术出版社, 2019.
乔尤疆. 先父乔大壮先生传略 [M] // 书法研究（第二十三辑）. 上海: 上海书画出版社, 1986.
秦嘉穗. 关于杜甫"皂江上观造竹桥"之诸说 [J]. 文史杂志, 2017(5).
任乃强. 四川上古史新探 [M]. 成都: 四川人民出版社, 2019.
双流县地方志编纂委员会. 双流县志（1986—2005）[Z]. 成都: 四川科学技术出版社, 2011.
双流县地名领导小组. 四川省双流县地名录 [Z]. 内部资料, 1988.

双流县交通局编纂办公室. 双流县交通志［Z］. 内部资料，1988.

双流县旧志丛书整理委员会. 双流县志（民国版）［Z］. 北京：中国文史出版社，2014.

双流县旧志丛书整理委员会. 双流县志（乾隆版）［Z］. 北京：中国文史出版社，2014.

双流县水利电力志编辑组. 双流县水利电力志［Z］. 内部资料，1986.

四川省地方志编纂委员会. 四川历代方志集成：第二辑（7）（双流县志嘉庆版、光绪版、民国版）［G］. 北京：国家图书出版社，2015.

四川省双流县志编纂委员会. 双流县志［Z］. 成都：四川人民出版社，1992.

谭良啸，吴刚. 文物为成都作证［M］. 成都：成都时代出版社，2015.

谭徐明. 都江堰史［M］. 北京：中国水利水电出版社，2009.

唐雯雯，史春云，孙勇，刘静巫丹，姚晓蔚. 四川旅游线路的基本特征与空间模式研究［J］. 旅游论坛，2015（3）.

田宏梁，王泽枋. 千古蚕丛路 沧桑话双流［M］. 成都：四川辞书出版社，2006.

王迪. 茶馆［M］. 北京：社会科学文献出版社，2010.

王学钧. 乔树枬与太谷学派［J］. 南京理工大学学报（社会科学版），2007（1）.

向达. 悼乔大壮先生［J］. 书品，2007（6）.

许丽梅. 民国时期四川"五老七贤"述略［D］. 成都：四川大学，2003.

佚名. 谁料理了"戊戌六君子"的后事？［EB/OL］. 东南网，2015-9-26.

张林. 川汉铁路的历史轨迹［N］. 三峡晚报，2011-11-24.

张永久. 革命到底是干吗？1911，辛亥！辛亥！［M］. 天津：天津社会科学院出版社，2011.

后 记

一、召开历史文化新发现研讨会

2021年4月8日,双流区文史专家会聚在彭镇金桥社区,召开了彭镇历史文化新发现研讨会暨第四次双流金马河历史文化研讨会。这次研讨会以"成都经双流彭镇擦耳岩之路为我国南方丝绸之路""擦耳岩早期住民"等为主要内容。

研讨会由双流区文联副主席、文史专家陈伟芳主持。

关于成都到擦耳岩是古时南方丝绸之路,大家认为,我省著名历史地理学家任乃强在《华阳国志校补图注》和《四川上古民族史》中有相关考证论述;我省历史学会副会长、四川省学术带头人段渝在《四川简史》中有南方丝绸之路经江源临邛的记述;四川大学城市研究所所长、教授、博士生导师,四川省学术带头人何一民和成都文物考古研究院院长、金沙遗址博物馆馆长、著名文博考古专家王毅在《成都简史》中有论述和图示，表明南方丝绸之路之一是从成都西出经双流彭镇擦耳岩过渡去临邛雅安的。由以上权威专家的考证论述可知，从成都经双流彭镇擦耳岩，为古时南方丝绸之路，有理有据，可信可认，大家没有任何异议。

关于擦耳岩早期住民，常璩在《华阳国志》中有相关记载"刘璋时，召东州民居此，改曰东州头"，因东州民到此居住，竟要改此地名，说明东汉时期流落到此的东州民是有历史记载的擦耳岩早期住民。对此，大家表示无异议。

本次研讨会对双流彭镇擦耳岩来说，意义重大。会议肯定了双流彭镇擦耳岩一线是古时从成都出发的南方丝绸之路主路之一，也是成都至邛崃的古邮传大道，是成都与大邑邛崃之间最便捷的商贸要道，是重要的政治文化交流中心。这为我们双流区增添了重要的历史文化支持。

二、书稿评议斧正座谈

本书初稿完成后，笔者邀请了双流著名文史专家王泽枋、陈伟芳，作家李文旭等人，开展座谈，对书稿内容进行评议斧正。怀着对擦耳岩的深厚情感，专家们很认真地阅读书稿，围绕书稿内容进行了畅谈，提出了许多宝贵意见。

大家对《成都擦耳岩》书稿内容给予了高度肯定，认为这是继《认识金马河》后的又一部关于我们彭镇擦耳岩的历史文化书籍，对我们了解彭镇擦耳岩的过去，立足现在、展望未来，都具有重要的参考价值。

陈伟芳指出，内容上还要补充；李文旭谈到，结构上要做调整。大家都畅所欲言，各自谈论自己的看法，并在细节处予以具体指正。

笔者非常感谢三位专家老师对本书的评议斧正，后续又不断进行修改完善，力求使其成为彭镇擦耳岩一部重要的历史文化书籍。

陈伟芳老师既是知名文史专家，也是书法家，曾为拙著《认识金马河》题写书名，这次又为《成都擦耳岩》题写书名，在此深表感激。

三、难忘的一次聚会

2019年4月29日，伍兴德与覃宗良邀了双流文史专家王泽枋、陈伟芳，剪纸艺术家陈世云，以及双流诗友等，相聚于双流白衣下街盐知道食府，他们多为熟知擦耳岩历史的文化人，畅谈最多的是擦耳岩的往事，大家非常尽兴。

没想到，半年后的 2020 年 12 月，覃宗良在天津去世；2021 年 9 月，伍兴德在成都双流去世。本书中所涉擦耳岩的许多历史文化故事，都源自两位老人的回忆和讲述。这次聚会，成了我们与两位老师最后的一次聚会，也是最难忘的一次相聚。

四、政府部门的支持

本书内容的研讨和最终出版，离不开成都市双流区相关部门领导的指导与帮助，离不开双流区彭镇党委、政府的支持。2021 年 4 月在彭镇召开的擦耳岩历史文化新发现研讨会，区社科联、区委史志办、区文旅局、区档案馆、彭镇政府、双流融媒体等均有领导专家莅临会议。

经过八年的努力，考察终于结束了。特别感谢四川省图书馆、成都市图书馆、双流区图书馆提供的大量史志文献资料等，特别感谢省市区专家老师们的指导帮助，特别感谢双流区各部门的指导和彭镇党委政府的资助支持。

声 明

本书多数图片为本人摄影,但也用了一些专家学者、老师和好友的摄影作品,在此向专家学者、老师和好友说声谢谢。此外,也有从大众媒体上引用的图片和文字等,书中已尽量注明引用出处和原作者,但也有些找不到原作者姓名和联系方式的,在此特向原作者致歉,并敬请原作者与我联系。联系方式:13281816511。